ぼくらしく、おどる

義《ぎ》足《そく》ダンサー大前《おおまえ》光市《こういち》、夢《ゆめ》への挑戦《ちょうせん》

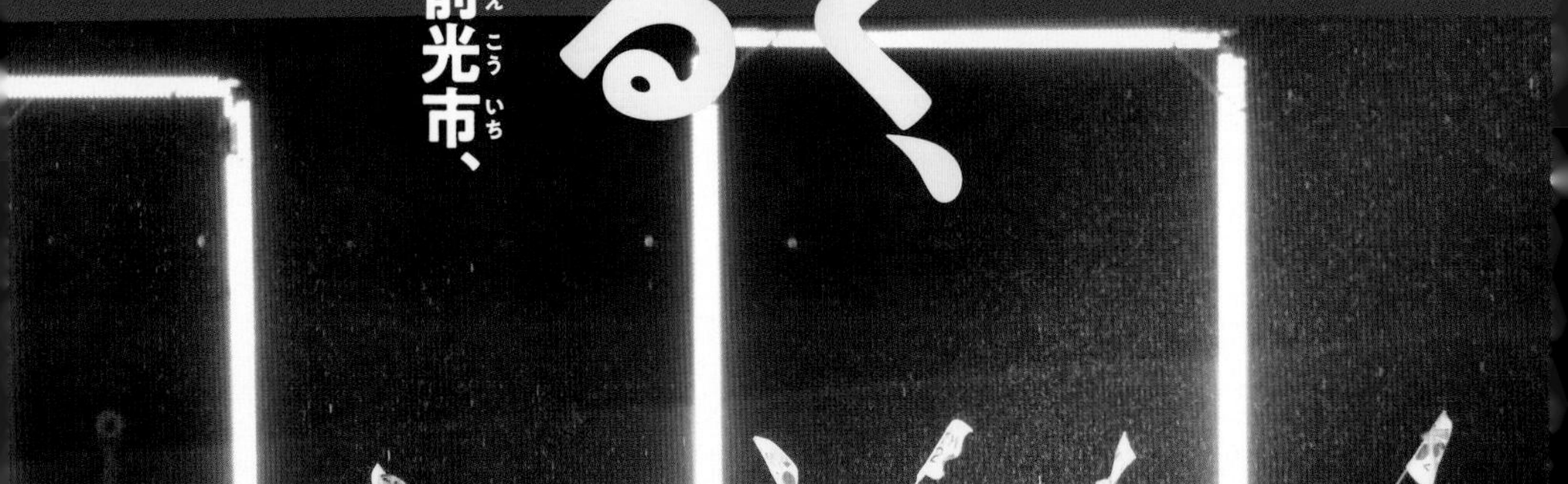

リオデジャネイロパラリンピック閉会式《へいかいしき》でのパフォーマンス。
中央《ちゅうおう》、紫色《むらさきいろ》のパンツをはき片足《かたあし》で立《た》っているのが大前《おおまえ》さん。

Gakken

日本《に》や海外《かいがい》で、ダンサーとして活《かつ》やく！

大前光市《おおまえこういち》さんは、左足《ひだりあし》が短《みじか》いダンサーです。バレエやコンテンポラリーダンスなどのほか、体《からだ》の特《とく》ちょうも生《い》かした、独自《どくじ》のダンス表現《ひょうげん》で、さまざまな舞台《ぶたい》で活《かつ》やくしています。

↑東京《とうきょう》パラリンピックに向《む》けたイベントで、和《わ》だいこのグループ、鼓童《こどう》と共演《きょうえん》。車《くるま》いすを使《つか》って、おどる。（2017年《ねん》）写真 熊切大輔

↓世界的《せかいてき》に有名《ゆうめい》なヒップホップダンサー集団《しゅうだん》JABBAWOCKEEZ《ジャバウォーキーズ》と、ラスベガスで共演《きょうえん》。LED《エルイーディー》ライトが光《ひか》る義足《ぎそく》を使用《しよう》。（2018年《ねん》）

↑アルファクトというダンスチームでも活動《かつどう》し、はば広《ひろ》いダンス表現《ひょうげん》を行《おこな》う。このときは、手話《しゅわ》を取《と》りいれたダンス。一番左《いちばんひだり》が大前《おおまえ》さん。(2017年《ねん》)

↑ブレイクダンスのスレッドをおどる。スレッドは、手《て》や足《あし》で輪《わ》を作《つく》り、その輪《わ》に手《て》や足《あし》を通《とお》す技《わざ》のこと。(2019年《ねん》)

さまざまな義足《ぎそく》で、おどりわける！

舞台《ぶたい》や作品《さくひん》に合《あ》わせて、いろいろな義足《ぎそく》を使《つか》いわけて、おどっています。一《ひと》つの舞台《ぶたい》で、義足《ぎそく》を素早《すばや》くつけかえることもあります。

↑ぼう状《じょう》の細長《ほそなが》い義足《ぎそく》。衣装《いしょう》に合《あ》わせ、赤《あか》いテープを巻《ま》いて使用《しよう》。バレエの舞台《ぶたい》で。(2015年《ねん》)

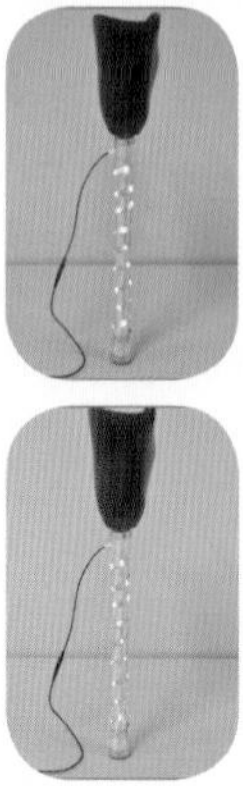

ライトは、ほかの色《いろ》にも変《か》わる！

↑本番前《ほんばんまえ》の練習《れんしゅう》で、LED《エルイーディー》ライトつきの細《ほそ》い義足《ぎそく》を使用《しよう》。手前《てまえ》においてあるのは、ほかの義足《ぎそく》。(2020年《ねん》)

↓ 左足《ひだりあし》の先《さき》に、短《みじか》い義足《ぎそく》をつけておどる。アルファクトの舞台《ぶたい》で。(2015年《ねん》)

大前《おおまえ》さんは、大好《だいす》きなダンスを仕事《しごと》にして活《かつ》やくしています。ここにたどりつくまで、いろいろなことがありました。この本《ほん》を読《よ》んでみてください。

ぼくらしく、おどる

義《ぎ》足《そく》ダンサー大《おお》前《まえ》光《こう》市《いち》、夢《ゆめ》への挑《ちょう》戦《せん》

大《おお》前《まえ》光《こう》市《いち》 著《ちょ》

目次《もくじ》

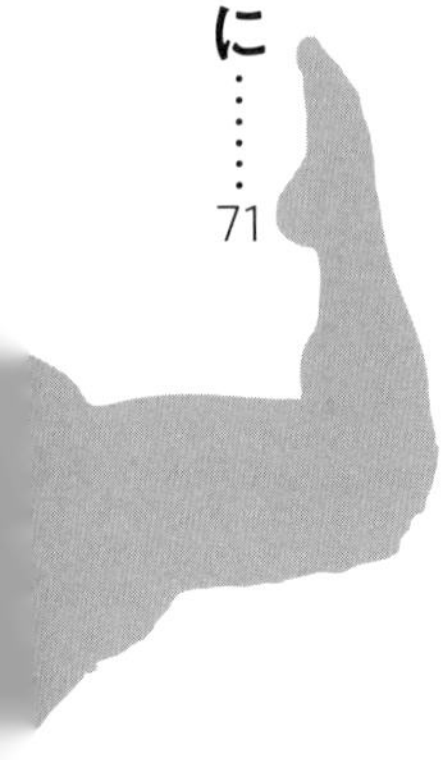

※この本《ほん》は、二〇二〇年《ねん》三月《がつ》現在《げんざい》の情報《じょうほう》にもとづいた構成《こうせい》にしています。

プロローグ

舞台《ぶたい》の上《うえ》。

光《ひかり》が当《あ》たる。

おおぜいの観客《かんきゃく》が、目《め》の前《まえ》にうかびあがる。

スタート！

音楽《おんがく》とともに体《からだ》を動《うご》かす。おどる。

今日《きょう》のダンスのテーマは、『さくら』。ぼくは、全身《ぜんしん》を使《つか》ってさくらをえがく。

さくらの美《び》。さくらのはかなさ。そして、風《かぜ》、光《ひかり》、かおり……。

ぼく、大前光市《おおまえこういち》は、ダンサーです。

今《いま》、観客《かんきゃく》たちに、見《み》て、感《かん》じてもらおうとしているのは、自分《じぶん》のおどるすがたを通《とお》してえがく、『さくら』です。

ぼくだからこそできる表現《ひょうげん》の、ぼくならではの、さくら……。

ぼくの左足《ひだりあし》は、ひざから下《した》がありません。今日《きょう》は、左足《ひだりあし》の短《みじか》さを生《い》かすため、短《みじか》い義足《ぎそく》をつけておどっています。

義足《ぎそく》の長《なが》さや特《とく》ちょうは、いろいろです。クラシックバレエの名作《めいさく》の王子様《おうじさま》としておどるときは、右足《みぎあし》と同《おな》じ長《なが》さの義足《ぎそく》。ピエロとしておどるときは、右足《みぎあし》の倍《ばい》もある長《なが》い義足《ぎそく》。暗《くら》いステージでは、LED《エルイーディー》ライトつきの、きらきら光《ひか》る義足《ぎそく》。

ダンスの作品《さくひん》ごとに、その内容《ないよう》にぴったりと思《おも》える義足《ぎそく》をつけています。


ダンサーとしての仕事《しごと》を続《つづ》けていたら、二〇一六年《ねん》、思《おも》いがけず世界《せかい》の舞台《ぶたい》でおどれることになりました。

「リオパラリンピック*の、閉会式《へいかいしき》で、おどってもらえませんか。」

ブラジルの、リオデジャネイロで開《ひら》かれる大会《たいかい》の、閉会式《へいかいしき》の準備《じゅんび》をしている人《ひと》たちから声《こえ》がかかったのです。しかも、次《つぎ》の夏季大会《かきたいかい》開《かい》さい地《ち》、東京《とうきょう》を紹介《しょうかい》する

*リオパラリンピック…二〇一六年《ねん》九月《がつ》七日《か》から十八日《にち》までブラジルのリオデジャネイロで開催《かいさい》された、第《だい》十五回《かい》夏季《かき》パラリンピック。

演目《えんもく》です。

(世界《せかい》の人《ひと》が注目《ちゅうもく》する舞台《ぶたい》で、ぼくにどんなダンスができるのか……。ぼくらしいダンス、ぼくだからこそできるダンスってなんだろう。

障害《しょうがい》があるなしに関係《かんけい》なく、夢《ゆめ》を持《も》つことはすばらしいんだと、世界中《せかいじゅう》の人《ひと》に伝《つた》える！　ぼくにはそんな役目《やくめ》もあるんじゃないかな……。そうだ。むずかしい技《わざ》に、新《あら》たに挑戦《ちょうせん》してみよう。バク転《てん》はマスターしている。じゃあ、短《みじか》い義足《ぎそく》をつけて、連続《れんぞく》バク転《てん》だ！)

その四か月後《げつご》の九月《がつ》、リオデジャネイロのステージに、ぼくはいました。家族《かぞく》やダンスの先生《せんせい》、仲間《なかま》たちなど、これまでぼくをささえてくれた人《ひと》たちの顔《かお》が思《おも》いうかびます。

今《いま》のぼくがあるのは、多《おお》くの人《ひと》たちのおかげなのです。

第《だい》1章《しょう》

かめいちが、スーパーマンになった！

ぼくは一九七九年《ねん》、岐阜県《ぎふけん》の小《ちい》さな町《まち》で生《う》まれました。標高千《ひょうこうせん》メートルをこえる山《やま》やまが、ぐるりとまわりを取《と》りかこんでいて、町《まち》の真《ま》ん中《なか》には、飛騨川《ひだがわ》という大《おお》きな川《かわ》が流《なが》れています。

夏《なつ》は、山《やま》も川《かわ》も一面《いちめん》、宝石《ほうせき》みたいに深《ふか》くてキラキラした緑色《みどりいろ》になります。

冬《ふゆ》は、緑《みどり》は少《すこ》し落《お》ちついた色《いろ》になり、そこに粉《こな》ざとうをまぶしたような雪《ゆき》が積《つ》もります。

小《ちい》さなころから、ぼくはその自然《しぜん》の中《なか》でかけまわるのが大好《だいす》きでした。家《いえ》のうらの田《た》んぼのあぜ道《みち》を走《はし》り、近《ちか》くの山《やま》で基地《きち》を作《つく》り、ふしぎな形《かたち》の石《いし》を集《あつ》めて宝物《たからもの》にしたり、カブトムシやバッタたちと遊《あそ》んだりしました。

小学校《しょうがっこう》でも、わんぱくそのもの。仲《なか》のよい友《とも》だちとプロレスごっこなどのあらっぽい遊《あそ》びをしては、よくけがをしました。けがで、病院《びょういん》へ行《い》くこともしょっちゅうで、お医者《いしゃ》さんからは、

「まーたお前《まえ》、来《き》たんか！　今度《こんど》は何《なに》やった。」

3歳《さい》のころ、お姉《ねえ》さん（右《みぎ》）と。（1982年頃《ねんごろ》）

小学校《しょうがっこう》
入学式《にゅうがくしき》の日《ひ》。
（1986年《ねん》）

と、よくいわれました。

一方《いっぽう》、勉強《べんきょう》やスポーツは、どちらもとくいではありませんでした。書道《しょどう》や絵《え》、ピアノなど、何《なに》か特《とく》ぎがあったわけでもありません。

ぼくは、いつも外《そと》で遊《あそ》びまわってはいましたが、体《からだ》はじょうぶではありませんでした。おさないころから小児《しょうに》ぜんそくがあり、小学《しょうがっ》校《こう》四年生《ねんせい》くらいまでは入院《にゅういん》をすることもありました。

ぜんそくの発作《ほっさ》が起《お》こったときは、呼吸《こきゅう》をするのがつらくて、ねむれません。

そんな夜《よる》はふとんの中《なか》で、

（ああ、クラスのあいつは、勉強《べんきょう》ができるし、

小学校《しょうがっこう》3年生《ねんせい》。外《そと》で遊《あそ》ぶのが大好《だいす》きでした。(1988年《ねん》)

ぜんそくもないし、いいなあ。）

と、同級生《どうきゅうせい》と自分《じぶん》とをくらべては、ため息《いき》をつくのでした。

ぼくの家族《かぞく》は、祖《そ》父《ふ》、祖《そ》母《ぼ》、姉《あね》と妹《いもうと》。そして父《ちち》と母《はは》、七人家族《にんかぞく》でした。

父《ちち》は建設作業員《けんせつさぎょういん》でした。毎朝早《まいあさはや》くから、軽《けい》トラックに木材《もくざい》を積《つ》んで、仕事《しごと》に出《で》かけます。いつも軍手《ぐんて》をつけていて、軍手《ぐんて》をはずした手《て》も、もう一《ひと》つ手《て》ぶくろをしているかのようにゴツゴツしていました。

「さあ、光市《こういち》、まきわりをするぞ。」

仕事《しごと》がない日《ひ》や、早《はや》く終《お》わった日《ひ》は、父《ちち》はそういって、いっしょにまきわりをしました。わったまきで、おふろの湯《ゆ》をわかすためです。

ある日《ひ》、ぼくが、おのの刃《は》でけがをしてしまいました。ぼくは、いたさとこわさで、さけんでいました。

そんなぼくに、父《ちち》は手当《てあ》てをしながら、

「だいじょうぶやさ。」

と、やさしく、くりかえし声《こえ》をかけてくれました。

（お父《とう》さんの声《こえ》、ほっとするな。）

ぼくには、父《ちち》が、いつもよりさらに大《おお》きく力強《ちからづよ》く見《み》えて、気持《きも》ちも落《お》ちついたのでした。

母《はは》は新聞配達《しんぶんはいたつ》の仕事《しごと》をしていました。いそがしい両親《りょうしん》でしたが、仲《なか》のよい家族《かぞく》でした。夜《よる》つかれて帰《かえ》る父《ちち》を、みんなでむかえ、食事《しょくじ》はいつもいっしょにとりました。

とくに思《おも》い出深《でぶか》いのが、クリスマスの夜《よる》です。ブーツに入《はい》ったおかしを、姉《あね》や妹《いもうと》と交《こう》かんしあって食《た》べるのは、とても楽《たの》しいひとときでした。

中学校《ちゅうがっこう》に入《はい》ると、ぼくは当時大好《とうじだいす》きだった、まんがの主人公《しゅじんこう》にあこがれて、バスケットボール部《ぶ》に入《はい》りました。

（まんがのヒーローみたいに、かっこよくドリブルして、シュートを決《き》める！）

と、想像《そうぞう》していたのですが、実際《じっさい》はずっと補《ほ》欠《けつ》。練習時間《れんしゅうじかん》でもコートに出《で》られず、体育館《たいいくかん》の二階《かい》から声《せい》えんを送《おく》る係《かかり》でした。

そんなぼくについたあだ名《な》が、「のろまのかめいち」。ぼくの「こういち」という名前《なまえ》を、もじったのです。

「やーい、のろまのかめいちが来《き》たぞ！」

中学《ちゅうがく》二年生《ねんせい》のころ、校舎《こうしゃ》の二階《かい》から、三年《ねん》生《せい》たちが、消《け》しゴムのかすやえんぴつを投《な》げつけてきました。こわくて、ぼくはいいかえすことができません。

（ああ、いじめられている自分《じぶん》を変《か》えたいな。変《か》わりたいな。）

中《ちゅう》3の体育大会《たいいくたいかい》。とくいではないけれど、全力《ぜんりょく》で走《はし》った。（1994年《ねん》）

と、心《こころ》の中《なか》で思《おも》っていました。でも思《おも》っているだけで、どうしたらいいかわからない日々《ひび》でした。

そんなとき、ぼく自身《じしん》が、大《おお》きく変《か》わるできごとがありました。

中学校《ちゅうがっこう》の卒業式前《そつぎょうしきまえ》に行《おこな》われる、三年生《ねんせい》を送《おく》る会《かい》。毎年《まいとし》二年生《ねんせい》が劇《げき》をやることになっていて、その年《とし》の劇《げき》は、芥川龍之介《あくたがわりゅうのすけ》の『杜子春《とししゅん》』でした。その中《なか》に、「えん魔大王《まだいおう》」の役《やく》がありました。財産《ざいさん》を使《つか》いはたした主役《しゅやく》の杜子春《とししゅん》が、地獄《じごく》に行《い》くことになり、そこに立《た》ちはだかるのが、えん魔大王《まだいおう》です。

先生《せんせい》がえん魔大王《まだいおう》の希望者《きぼうしゃ》をつのりましたが、だれも手《て》をあげません。

「おい、コウイチ。お前《まえ》やれよ。」

とつぜん、一人《ひとり》のクラスメートがいいました。

「そうだ、大前《おおまえ》くんがいい。」

「そうだよ。絶対合《ぜったいあ》うと思《おも》うよ。」

教室《きょうしつ》の中《なか》でぼくをえん魔大王役《まだいおうやく》におす声《こえ》は、どんどん大《おお》きくなっていきます。

「まあ、いいけど……。」
ぼくはしぶしぶ、引《ひ》きうけました。でも、実《じつ》は心《こころ》の中《なか》で、
（こんなチャンスはめったにない。がんばろう！）
と、やる気《き》にもえていました。これまで、目立《めだ》つ役《やく》を演《えん》じたことなどありません。
はじめての挑戦《ちょうせん》が、とてもうれしかったのです。
台本《だいほん》をもらうと、ぼくはさっそく持《も》ちあるき、せりふを練習《れんしゅう》しました。
家《いえ》で鏡《かがみ》に向《む》かっては、
「こら、杜子春《とししゅん》！　返事《へんじ》をしろ！　なぜ口《くち》をきかぬ！　いや、ちがうな。
こらあ、杜子春《としじゅん》ー！　返事《へんじ》をしろー！　なぜ、口《くち》を、きかぬー！」
などと、顔《かお》の角度《かくど》を変《か》えたり、声色《こわいろ》を変《か》えたり、何度《なんど》もくりかえし練習《れんしゅう》しました。
長《なが》い時間《じかん》大声《おおごえ》を出《だ》しているので、父《ちち》に、「うるさいぞ、何《なに》やっているんだ」と
いわれたほどでした。
（まだまだだ。どうやったら、正真正《しょうしんしょう》めいのえん魔大王《まだいおう》になれるかな。）

なやんだぼくは、図書室《としょしつ》でえん魔大王《まだいおう》の出《で》てくる本《ほん》を読《よ》んでみました。すると、えん魔大王《まだいおう》のイメージが、ぐんぐんふくらんできます。えん魔大王《まだいおう》は、ただこわいだけの王《おう》ではなく、人《ひと》が生《い》きていたときの罪《つみ》をさばく、りっぱな神《かみ》でした。

(見《み》た目《め》だけじゃなくて、人《ひと》の心《こころ》を見通《みとお》すようなふんい気《き》も必要《ひつよう》なんだ。そうだ。衣装小物《いしょうこもの》のハリセンを、遠《とお》くからも見《み》える大《おお》きさで、音《おと》もしっかり出《で》るようにしよう。)

思《おも》いついたぼくは、舞台《ぶたい》で実際《じっさい》に使《つか》うシーンを思《おも》いうかべて、イメージに合《あ》うまでハリセンを何度《なんど》も作《つく》りなおしました。

(一《ひと》つの目標《もくひょう》に向《む》かって、いろいろ考《かんが》えたり、こつこつとじゅんびするって、ワクワクするな。)

ぼくは、じゅんびが楽《たの》しくて仕方《しかた》がありませんでした。

ぼくが劇《げき》に出《で》ることを知《し》った母《はは》は、

「ゆっくり話《はな》すといいよ。早口《はやくち》でいっても、体育館《たいいくかん》じゃ聞《き》こえんで。」

と、アドバイスをくれました。

いよいよ本番当日《ほんばんとうじつ》。会場《かいじょう》の体育館《たいいくかん》には、おおぜいの人《ひと》たちが集《あつ》まっていました。

(よし、練習《れんしゅう》は、いっぱいやった！　思《おも》いきり、いくぞ！)

ステージの幕《まく》が上《あ》がっていくのを見《み》て、きんちょう感《かん》が高《たか》まる一方《いっぽう》で、ぼくは、気合《きあい》を入《い》れました。

いよいよ杜子春役《とししゅんやく》の同級生《どうきゅうせい》が、地《じ》ごくの入《い》り口《ぐち》にやってくる場面《ばめん》になりました。

黒《くろ》いマントをはおったぼくは、ドスンドスンと大《おお》きく足音《あしおと》を立《た》てながら、登場《とうじょう》しました。そんざい感《かん》と、すごみのあるふんい気《き》を出《だ》そうと心《こころ》がけながら、ステージ上《じょう》の台《だい》にズシリと立《た》ちます。スポットライトが当《あ》たり、ぼくは、

「くぉらあ！　杜子春《とししゅん》！」

と大《おお》きな声《こえ》でさけびました。その声《こえ》が体育館《たいいくかん》にひびき、客席《きゃくせき》は静《しず》まりかえったように感《かん》じました。

（このまま、えん魔大王《まだいおう》になりきろう！）

大王《だいおう》のたましいが乗《の》りうつったような気持《きも》ちになって、ぼくは演技《えんぎ》を続《つづ》けました。

すると、杜子春《としじゅん》をはじめとする、ほかの役《やく》の同級生《どうきゅうせい》たちも、その役《やく》になりきって、乗《の》りに乗《の》ってきたのです。これまでの練習《れんしゅう》のときとは、まったくちがう、もりあがりようです。

（もしかして、見《み》ている人《ひと》たちも夢中《むちゅう》になってくれている？）

そんな感《かん》じが客席《きゃくせき》から伝《つた》わってきて、むねがおどりました。

劇《げき》が終《お》わると、われんばかりの拍手《はくしゅ》が、ぼくたちを包《つつ》みました。

「光市《こういち》、最高《さいこう》の劇《げき》だったぞ。」

舞台《ぶたい》のそでで、担任《たんにん》の先生《せんせい》が目《め》を見開《みひら》いて声《こえ》をかけてくれました。

その劇《げき》には、両親《りょうしん》も見《み》に来《き》ていました。家《いえ》に帰《かえ》ると父《ちち》は、満面《まんめん》の笑顔《えがお》で、

「お前《まえ》の演技《えんぎ》はすごいな！　声《こえ》が体育館中《たいいくかんじゅう》にひびいて、ドキーッとしたな。すご

い、はく力《りょく》やったぞ。」

と、ほめてくれました。

(とくいなことなんて見当《みあ》たらないぼくだけど、演劇《えんげき》では、みんなに何《なに》か伝《つた》えられたのかな。)

そんなふうに思《おも》えて、ぼくはうれしくて仕方《しかた》ありませんでした。

次《つぎ》の日《ひ》、学校《がっこう》へ行《い》くと、あのこわい三年生《ねんせい》たちの一人《ひとり》が近《ちか》づいてきます。

(今度《こんど》は何《なに》をされるのかな。)

一度解《どと》きはなたれた心《こころ》が、またしめつけられるようです。

するとその三年生《ねんせい》は、

「おう、お前《まえ》、なかなかやるな。劇《げき》、おもしろかったぞ。」

といって、立《た》ちさったのです。

おどろいたことに、その日《ひ》から、三年生《ねんせい》からのいじめはなくなりました。「のろまのかめいち」と、よばれることもなくなりました。

部活《ぶかつ》はいつも補欠《ほけつ》、勉強《べんきょう》もできず、自分《じぶん》のとりえって何《なん》だろうと思《おも》っていた、ぶきようなぼくが、一《いっ》しゅんでスーパーマンになれる魔法《まほう》のスーツを手《て》に入《い》れたような気分《きぶん》でした。

（舞台《ぶたい》ってすごい！　それに、みんながあんなによろこんでくれた。

ぼくは将来《しょうらい》、舞台《ぶたい》に立《た》って活《かつ》やくしてみたい！　そんな仕事《しごと》をしてみたい！）

おぼろげではありましたが、ぼくの進《すす》む方向《ほうこう》が見《み》えたできごとでした。

第《だい》2章《しょう》

バレエとの出《で》会《あ》い

中学《ちゅうがく》を卒業《そつぎょう》すると、家《いえ》から自転車《じてんしゃ》で十分《ぷん》ほどのところにある高校《こうこう》に進学《しんがく》しました。中学校《ちゅうがっこう》で舞台《ぶたい》の楽《たの》しさを知《し》ったぼくは、その高校《こうこう》の演劇部《えんげきぶ》に入《はい》ることにしました。

さあ、先《せん》ぱいに演技《えんぎ》を教《おし》えてもらおうと、意気《いき》ごんで演劇部《えんげきぶ》の部室《ぶしつ》に行《い》った初《しょ》日《にち》でしたが、三年生《ねんせい》の先《せん》ぱいには、こういわれました。

「一年生《ねんせい》にはまず、そうじをしてもらおうか。」

（えっ、そうじ……？）

おどろいて部室《ぶしつ》をよく見《み》ると、ほこりだらけ。ゴミの山《やま》かと思《おも》ったものは、じつは大道具《おおどうぐ》や衣《い》しょうでした。聞《き》けば三年生《ねんせい》は三人《にん》、二年生《ねんせい》はゼロという、小《ちい》さな部《ぶ》だったのです。

「毎年夏《まいとしなつ》に、飛騨地区《ひだちく》の大会《たいかい》があるんだ。今年《ことし》は、新入部員《しんにゅうぶいん》が七人《にん》も入《はい》ったので心強《こころづよ》い。さっそく、がんばってもらうよ。」

部長《ぶちょう》は、そういいました。

じつは、三年生《ねんせい》は人数《にんずう》が少《すく》ないこともあり、部活《ぶかつ》にあまり熱心《ねっしん》ではありませんでした。一方《いっぽう》、ぼくたち一年生《ねんせい》は、何《なに》もわからないまま、やる気《き》だけはあふれていました。

一年生《ねんせい》は、全部《ぜんぶ》で七人《にん》。中学《ちゅうがく》はちがうのですが、顔見知《かおみし》りだったトモオがいっしょでした。みな、手《て》さぐりでしたが、楽《たの》しい毎日《まいにち》が始《はじ》まりました。

あっというまに夏《なつ》になり、ぼくたちは大会《たいかい》に出場《しゅつじょう》しました。

ところが、ほかの高校《こうこう》の演劇《えんげき》を見《み》て、ぼくたちは、ぼうぜんとしました。レベルがぼくらよりはるかに高《たか》く、とくに優勝《ゆうしょう》した高校《こうこう》の演劇《えんげき》は、まるでプロの舞台《ぶたい》のように仕上《しあ》がっていたのです。

「トモオ、おれたちの演劇《えんげき》って、いいかげんだったんだな……。」

「うん、なめたことをしてたらいかんな……。」

舞台《ぶたい》には、大切《たいせつ》なことがたくさんある――。脚本《きゃくほん》や演技《えんぎ》や構成《こうせい》はもちろん、照明《しょうめい》、背景《はいけい》などの大道具《おおどうぐ》、衣《い》しょう、小《ちい》さな小物《こもの》などの小道具《こどうぐ》――。それらすべてで、表現《ひょうげん》していくんだと、ぼくたちは、初《はじ》めて知《し》ったのでした。

たとえば、照明《しょうめい》は舞台《ぶたい》に光《ひかり》を当《あ》てます。明《あか》るくしたり暗《くら》やみにしたり、役者《やくしゃ》にスポットライトを当《あ》てて目立《めだ》たせたりするのです。

「光《ひかり》の当《あ》て方《かた》で、人物《じんぶつ》の気持《きも》ちが大《おお》きく変《か》わって見《み》えるんだよな。」

ぼくたち一年生《ねんせい》は、そんなふうに、一《ひと》つ一《ひと》つ、学《まな》んでいきました。


それから、二か月《げつ》ほどたったころのことです。名古屋《なごや》で劇団四季《げきだんしき》の公演《こうえん》があると知《し》ったぼくたちは、さっそく見《み》に行《い》くことにしました。

劇団四季《げきだんしき》といえば、そのころも今《いま》も、日本を代表《だいひょう》する演劇集団《えんげきしゅうだん》です。

（一度《いちど》は、一流《いちりゅう》のプロの舞台《ぶたい》を見《み》てみたい。）

ぼくも、ほかの部員《ぶいん》のみんなも、気持《きも》ちはいっしょでした。

電車《でんしゃ》を乗《の》りついで向《む》かったのは、名古屋《なごや》の大《おお》きな劇場《げきじょう》でした。まず、おどろいたのが、その広《ひろ》さでした。

「すごい！　こんなに座席《ざせき》がある！」

「あそこが舞台《ぶたい》だ！」

「ずいぶん遠《とお》いね！」

みんな口々《くちぐち》にいうように、舞台《ぶたい》は見下《みお》ろすほど下《した》のほう。五十メートル走《そう》のゴールくらい、先《さき》にあるのです。上演時刻《じょうえんじこく》が近《ちか》づくにつれて、広《ひろ》い客席《きゃくせき》は人《ひと》でうめつくされていきます。

（こんなにも、おおぜいの人《ひと》にかこまれて演《えん》じるんだ！）

ぼくの心《こころ》も高鳴《たかな》っていました。

そして、作品《さくひん》も、すばらしいものでした。観客《かんきゃく》を楽《たの》しませる工夫《くふう》も、たくさんありました。

二年生《ねんせい》の春《はる》にも、部員《ぶいん》たちで勉強《べんきょう》をしようと、劇団四季《げきだんしき》の公演《こうえん》を見《み》に行《い》きました。

『オペラ座《ざ》の怪人《かいじん》』というミュージカルです。この舞台《ぶたい》は、ぼくにとって大《おお》きなできごととなりました。

舞台《ぶたい》が始《はじ》まると、ぼくは、主役《しゅやく》の俳優《はいゆう》さんに、目《め》がくぎづけになりました。はく力《りょく》のある演技《えんぎ》で、歌《うた》もじょうず、ダンスもみごとです。歌《うた》を歌《うた》いながら、大《おお》きい動《うご》きでダンスをするのです。きびきびした動《うご》き、バネのあるジャンプ。見《み》ごたえたっぷりです。

（かっこいい！　生《い》き生《い》きしていて、全身《ぜんしん》でどうどうと表現《ひょうげん》している！　ぼくもおどりたい。おどって舞台《ぶたい》で活《かつ》やくしたい！）

ぼくに将来《しょうらい》の夢《ゆめ》ができた、ミュージカル俳優《はいゆう》との出会《であ》いでした。

ミュージカル俳優《はいゆう》になりたくて、頭《あたま》がいっぱいになったぼくは、トモオに打《う》ちあけました。

「おれ、劇団四季《げきだんしき》に入《はい》りたいんだ。」

「光市《こういち》なら、いけるんじゃね？　演技力《えんぎりょく》あるし。応《おう》えんするよ！」

「ありがとう……。」

まだまだ現実味《げんじつみ》のない夢《ゆめ》だったので、トモオの言葉《ことば》はうれしいものでした。

でも、どうしたら劇団四季《げきだんしき》を目指《めざ》せるのだろうか。見当《けんとう》もつきませんでした。そのころは、今《いま》のように、みんながインターネットを使《つか》う時代《じだい》ではありません。スマホもなく、かんたんに検《けん》さくもできません。劇場《げきじょう》で買《か》った一部《いちぶ》のパンフレットに、何《なに》か手《て》がかりはないかと、すみずみまで読《よ》みました。

パンフレットに、ミュージカル俳優《はいゆう》になる方法《ほうほう》は書《か》いてありませんでしたが、劇団四季《げきだんしき》のスターたちのプロフィールがのっていました。みんな、音楽《おんがく》やバレエ、ダンスなどをしていたようでした。

(そうか！　バレエを習《なら》ってみよう。うまくおどれるようになったら、劇団《げきだん》に入《はい》るチャンスがくるかもしれない。)

そう思《おも》って電話帳《でんわちょう》で調《しら》べました。すると、電車《でんしゃ》で一時間《じかん》ほどの高山市《たかやまし》に、バレエ教室《きょうしつ》があることがわかったので、さっそく行《い》くことにしました。これまでバレエを実際《じっさい》に見《み》たことはなく、高山市《たかやまし》も、めったに行《い》かない場所《ばしょ》です。でも、ワク

ワクしているためか、不安《ふあん》は感《かん》じませんでした。

もより駅《えき》で降《お》りて十分《ぶん》ほど歩《ある》いた所《ところ》に、外国《がいこく》にあるような、白《しろ》い建物《たてもの》がありました。ぼくは、夢《ゆめ》へのとびらを開《ひら》くような気持《きも》ちでドアノブに手《て》をかけました。

むかえてくれたのは、はっとするほど、しせいや動作《どうさ》がきれいな先生《せんせい》でした。

それからは、さっそく週《しゅう》に二回《かい》、その教室《きょうしつ》に通《かよ》うことになりました。もちろん、レッスン料《りょう》がかかります。ぼくの家《いえ》が、金銭的《きんせんてき》に豊《ゆた》かでないことはわかっていました。

(お父《とう》さん、お母《かあ》さんに、月謝《げっしゃ》を出《だ》してもらうのはやめよう。)

そう考《かんが》えたぼくは、アルバイトも始《はじ》めました。

演劇部《えんげきぶ》の練習《れんしゅう》が終《お》わって夕日《ゆうひ》がしずみかけ、山《やま》やまがかげ絵《え》のように黒《くろ》くなっていくころ、自転車《じてんしゃ》をとばして駅《えき》へ行《い》き、電車《でんしゃ》に飛《と》びのります。

バレエ教室《きょうしつ》に着《つ》くと、教室《きょうしつ》に取《と》りつけられたバーを使《つか》ってのレッスンを、くりかえし行《おこな》います。バランスの取《と》り方《かた》を訓練《くんれん》したり、筋肉《きんにく》をきたえたりするのです。

ときおり、

「大前《おおまえ》くん、体《からだ》のじくがぶれていますよ！」

と、先生《せんせい》のきびしい声《こえ》が飛《と》んできます。

（なんて、むずかしいんだろう。でも、なんて楽《たの》しいんだろう。）

ぼくは夢中《むちゅう》で教室《きょうしつ》に通《かよ》いました。

教室《きょうしつ》には、いつもお守《まも》りのようにノートとえんぴつを持《も》っていきました。レッスンの合《あい》間《ま》に、先生《せんせい》から言《い》われたことや、自分《じぶん》で気《き》づいたことを、どんどん書《か》いていくのです。そのノートを、毎日家《まいにちいえ》で開《ひら》いては読《よ》みかえしました。

バレエには、しっかりした筋肉《きんにく》と体《からだ》のじく

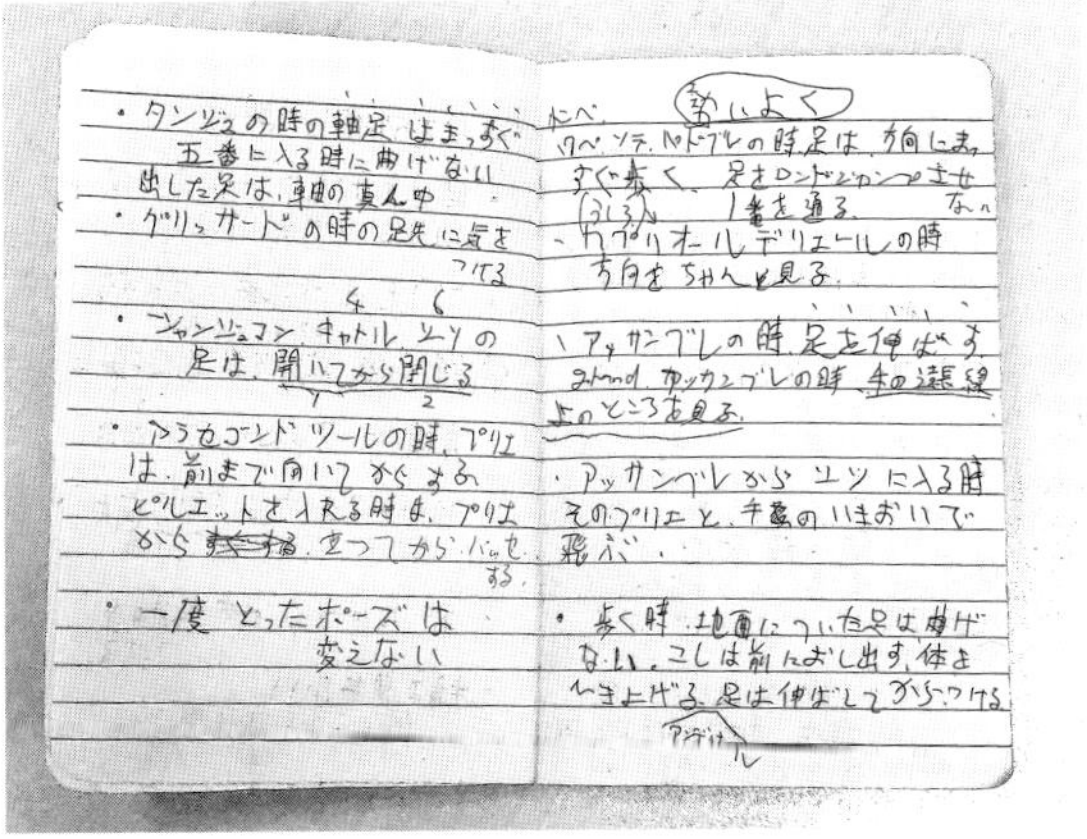

当時《とうじ》、持《も》ちあるいていたバレエノート。何度《なんど》も読《よ》みかえした。

が必要《ひつよう》です。とくに、足《あし》のうらの筋肉《きんにく》を強《つよ》くする必要《ひつよう》がありました。ぼくは、家《いえ》で、足《あし》の指《ゆび》を動《うご》かしてタオルを引《ひ》きよせる練習《れんしゅう》を始《はじ》めました。そうして、何《なに》か気《き》づいたことがあれば、またノートに書《か》きこみました。

もちろん、体《からだ》のやわらかさも大切《たいせつ》です。演劇部《えんげきぶ》のせりふ合《あ》わせのときは、いつも両足《りょうあし》を大《おお》きく開《ひら》いた柔軟体操《じゅうなんたいそう》のポーズをするようにしました。

高校生《こうこうせい》からバレエを始《はじ》めたぼくが、とくに苦労《くろう》したのは、ピルエットという、片足《かたあし》でくるりと回《まわ》る技《わざ》。先生《せんせい》の形《かたち》をまねて、毎日家《まいにちいえ》の鏡《かがみ》の前《まえ》で練習《れんしゅう》をしました。

教室《きょうしつ》には、小学生《しょうがくせい》の小《ちい》さなバレリーナたちが数人習《すうにんなら》いに来《き》ていました。高校生《こうこうせい》のぼくよりも、何年《なんねん》も前《まえ》から習《なら》っている大先《だいせん》ぱいです。

「ピルエットって、どうしたらうまく回《まわ》れるのかな？」

そんなふうに、年下《としした》のダンサーたちにたずねて、見本《みほん》を見《み》せてもらうこともありました。

バレエデビューもおそいですし、けっして、きようなほうではありません。で

も、努力《どりょく》の積《つ》み重《かさ》ねは、けっして、むだではなかったようです。先生《せんせい》からは、

「どんどん上達《じょうたつ》しているよ。」

と、いってもらえましたし、演劇部《えんげきぶ》の仲間《なかま》からも、

「しせいや身《み》のこなしが、きれいになった。」

といわれるようになりました。

ぼくはバレエ以外《いがい》にも、劇団四季《げきだんしき》のミュージカル俳優《はいゆう》がやっていたように、ジャズダンスも習《なら》いはじめました。バレエを学《まな》んだだけでは、ミュージカル俳優《はいゆう》になれるレベルにはならないと、考《かんが》えたのです。さらに、ピアノと声楽《せいがく》も始《はじ》めました。

でもそうなると、レッスン代《だい》がさらにかかります。精肉店《せいにくてん》でそうじをしたり、ガソリンスタンドで店員《てんいん》として働《はたら》いたり……。お金《かね》をかせぐため、アルバイトをいくつもかけもちしました。

学校《がっこう》の授業《じゅぎょう》に演劇部《えんげきぶ》の部活《ぶかつ》、習《なら》い事《ごと》、アルバイトで、大《おお》いそがしの毎日《まいにち》でした。

学校《がっこう》に仲《なか》のよい友《とも》だちはいましたが、

「大前《おおまえ》、今日《きょう》の放課後《ほうかご》、ひま？」

などというさそいは、なくなりました。みんな、ぼくに遊《あそ》びの時間《じかん》がないのがわかっていたからです。

（友《とも》だちと遊《あそ》べないのはざんねんだけど、仕方《しかた》ない……。ぼくはミュージカル俳《はい》優《ゆう》になりたいんだから！）

そう心《こころ》の中《なか》で、自分《じぶん》にいいきかせていました。

第《だい》3章《しょう》

夢《ゆめ》に向《む》かって

ミュージカル俳優《はいゆう》を目指《めざ》す一方《いっぽう》で、学業《がくぎょう》についてはほめられたものではありませんでした。授業中《じゅぎょうちゅう》、いねむりをしては、先生《せんせい》におこられました。家《いえ》でも勉強《べんきょう》しないので、成績《せいせき》もひどいものでした。

このままでは三年生《ねんせい》になれずに留年《りゅうねん》する可能性《かのうせい》もあると、母《はは》といっしょに学校《がっこう》によばれたこともありました。母《はは》におこられたぼくは、やっと家《いえ》で勉強《べんきょう》するようになり、ぎりぎり留年《りゅうねん》はまぬがれました。

そんなある日《ひ》の夜《よる》、ぼくは、家《いえ》で父《ちち》によびとめられました。

高校《こうこう》２年生《ねんせい》のときの、家族集合写真《かぞくしゅうごうしゃしん》。(1996年《ねん》)

「光市《こういち》、お前《まえ》は自分《じぶん》の将来《しょうらい》をどう考《かんが》えているんだ。」

父《ちち》は、けわしい顔《かお》をしていました。

「ぼくは、ミュージカル俳優《はいゆう》になりたい。」

「それは夢《ゆめ》だろ。夢《ゆめ》じゃなくて、将来《しょうらい》のことをきいてるんだ。」

これまで、ぼくにいいたくても、がまんしていたのかもしれません。父《ちち》の声《こえ》に力《ちから》が入《はい》っています。

「将来《しょうらい》のことだよ！　将来《しょうらい》の夢《ゆめ》を、ぼくはかなえるんだよ。」

ぼくも思《おも》わず、いいかえしていました。

「光市《こういち》、ミュージカル俳優《はいゆう》とやらでかせげるのは、ほんのひとにぎりの人間《にんげん》なんだぞ。地道《じみち》で安定《あんてい》した仕事《しごと》のほうがいい。お父《とう》さんみたいに、建築関係《けんちくかんけい》の仕事《しごと》をするつもりはないのか？」

「ないよ。ぜんぜんしたいと思《おも》わない！」

「なぜ、わからないんだ！　将来《しょうらい》のお前《まえ》のために、いってるんだ！」

「ぼくのためになんかならないよ。ぼくとお父《とう》さんとは、ちがうんだよ。かなえようともしないで、何《なん》のための夢《ゆめ》なんだよ！」

それから後《あと》も、何度《なんど》も進路《しんろ》のことでぶつかりました。

父《ちち》との仲《なか》はよかったはずなのに……。会《あ》えばいつも、父《ちち》とはげしく、いいあってしまうのでした。

やがて高校《こうこう》三年生《ねんせい》になり、ほとんどの友《とも》だちが、卒業《そつぎょう》したあと、就職《しゅうしょく》するか進学《しんがく》するかを決《き》めました。でもぼくは、なかなか、決《き》められません。

ミュージカル俳優《はいゆう》になりたい、という夢《ゆめ》はゆるぎません。でもすぐになれるわけではないことも、また必《かなら》ずしもなれるわけではないことも、わかっていました。

(どうしたらいいんだろう。まずは、大阪《おおさか》とか東京《とうきょう》とか都会《とかい》に出《で》なければ、何《なに》も始《はじ》まらないいんじゃないかな。)

そんなふうに考《かんが》えているうちに、ふたたび飛騨地区《ひだちく》の演劇大会《えんげきたいかい》の季節《きせつ》がやってきました。

練習《れんしゅう》を重《かさ》ねていたぼくたちは、『巌流島《がんりゅうじま》』という作品《さくひん》で出《で》ることにしました。江戸時代《えどじだい》の剣士《けんし》、宮本武蔵《みやもとむさし》と佐々木小次郎《ささきこじろう》の戦《たたか》いの物語《ものがたり》です。真《しん》けん勝負《しょうぶ》の物語《ものがたり》ですが、舞台《ぶたい》では、わらえるコメディにしようということになりました。

みんなで脚本《きゃくほん》を作《つく》るのに、二か月《げつ》、それから練習《れんしゅう》に三か月《げつ》。時間《じかん》をかけてつくりあげていきました。

ぼくの役《やく》は、佐々木小次郎《ささきこじろう》です。

「もうちょっと、きまじめな小次郎《こじろう》になってみてもいいかな。」

「あ、そのほうが、せりふがおもしろく聞《き》こえそうだね。」

練習《れんしゅう》しながら、おたがいに提案《ていあん》しあって、工夫《くふう》しながら完成《かんせい》させていきました。

また、このころのぼくたちは、アドリブを大切《たいせつ》にするようになっていきました。

演劇《えんげき》は生《い》き物《もの》みたいなもので毎回《まいかい》ちがう作品《さくひん》になる、お客《きゃく》さんの笑《わら》い声一《ごえひと》つでも、ふんい気《き》ががらりと変《か》わる、ということに気《き》づいたのです。そこで、舞台《ぶたい》の空気《くうき》をびんかんにつかんで*機転《きてん》をきかせる練習《れんしゅう》もしました。

　やがて夏《なつ》の大会《たいかい》の日《ひ》がやってきました。そこで、ぼくたちの『巌流島《がんりゅうじま》』は、なんと優勝《ゆうしょう》することができました。何《なに》も知《し》らない一年生《ねんせい》だったときから二年後《ねんご》、部員《ぶいん》みんなで大《おお》きく成長《せいちょう》していたのです。

「やれば、やっただけのことはあるね！」

　ぼくたちは、だきあってよろこびました。

『巌流島《がんりゅうじま》』の本番前《ほんばんまえ》、衣《い》しょうを着《き》た大前《おおまえ》さん。(1997年《ねん》)

夏休《なつやす》みが終《お》わり、まもなくのことです。

「大前《おおまえ》！　ミュージカルを勉強《べんきょう》できる大学《だいがく》が、大阪《おおさか》にあるぞ。大阪芸術大学《おおさかげいじゅつだいがく》だ。」

担任《たんにん》の先生《せんせい》が、ぼくの進学先《しんがくさき》を見《み》つけてくれました。

「ほんとうですか！」

ぼくは、すがりつく思《おも》いで母《はは》に相談《そうだん》し、受験《じゅけん》することに決《き》めました。

受験科目《じゅけんかもく》には、歌《うた》がありました。

（ああ、声楽《せいがく》もピアノも習《なら》っていてよかった。）

声楽《せいがく》で歌《うた》の発声《はっせい》などを学《まな》びましたし、ピアノを習《なら》っていたことで、楽《がく》ふもよめるようになっていたのです。たいへんだった日々《ひび》が、少《すこ》しだけむくわれるようでした。

母《はは》から受験希望校《じゅけんきぼうこう》の話《はなし》を聞《き》いた父《ちち》は、やはり反対《はんたい》しました。でも、ぼくは、あきらめることなどできませんでした。

大学《だいがく》の入学試験《にゅうがくしけん》をひかえた、ある日《ひ》の夜《よる》。

＊機転《きてん》をきかせる…ものごとに合《あ》わせて、とっさに行動《こうどう》を起《お》こすこと。

「光市《こういち》、これがな、うちの現状《げんじょう》や。」

といって、母《はは》がぼくに見《み》せたのは、家計《かけい》ぼでした。お金《かね》にゆとりがないことは、一目《ひとめ》でわかりました。

母《はは》は、やさしくこう続《つづ》けました。

「お前《まえ》が大学《だいがく》に行《い》って、一人《ひとり》ぐらししても、じゅうぶんにお金《かね》は出《だ》してあげられん。それでも行《い》きたいのなら、そこまでダンスが好《す》きなら、行《い》ってこい！」

ぼくに、かくごを決《き》めさせる、強《つよ》いはげましの言葉《ことば》でした。

どんなにむずかしくても、舞台《ぶたい》に立《た》つ仕事《しごと》を目指《めざ》す！　その気持《きも》ちを、ぼくは、もう一度《いちど》強《つよ》くたしかめました。

試験《しけん》は、合格《ごうかく》でした。

第《だい》4章《しょう》

コンテンポラリーダンサーになりたい！

ぼくは、大阪芸術大学《おおさかげいじゅつだいがく》の舞台芸術学科《ぶたいげいじゅつがっか》に進学《しんがく》しました。

バレエにダンス、歌《うた》、演技《えんぎ》、そして照明《しょうめい》や舞台設備《ぶたいせつび》の授業《じゅぎょう》があります。舞台《ぶたい》のさまざまな分野《ぶんや》の、高度《こうど》な技術《ぎじゅつ》を身《み》につけられるようになっていました。

さらに教《おし》える先生《せんせい》も、超一流《ちょういちりゅう》です。

きんちょうする授業《じゅぎょう》ばかりでしたが、とくにバレエはついていくのに必死《ひっし》でした。ほとんどの同級生《どうきゅうせい》が、小《ちい》さいころからバレエを習《なら》ってきていました。みんなのレベルの高《たか》さは、高校生《こうこうせい》から始《はじ》めて二年《ねん》も習《なら》っていないぼくとは、かけはなれたものだったのです。

（いいんだ。ぼくは、今《いま》からがんばるんだ！）

ぼくは自分《じぶん》にいいきかせました。

そして少《すこ》しでもうまくなろうと、大阪《おおさか》でもバレエ教室《きょうしつ》に通《かよ》うことにしました。

ワクイバレエスクールという教室《きょうしつ》です。

バレエははなやかに見《み》えて、レッスンはとても地道《じみち》です。毎回《まいかい》バーを使《つか》ってのバーレッスン、そして、バーからはなれてバーレッスンの応用《おうよう》や、おどりに近《ちか》い動《うご》き、これらをくりかえし練習《れんしゅう》します。

ぼくは、バレエの技術《ぎじゅつ》を身《み》につけるのに夢中《むちゅう》でした。いつもいちばん前《まえ》の場所《ばしょ》でレッスンを受《う》け、そしてレッスンが終《お》わると、体《からだ》の動《うご》かし方《かた》でわからないところを先生《せんせい》に質問《しつもん》しました。アドバイスをもらったら、もちろんノートに書《か》きます。そして、家《いえ》に帰《かえ》ったら見返《みかえ》します。高校時代《こうこうじだい》から続《つづ》けているバレエノートは、このころには三十冊《さつ》をこえていました。

「大前《おおまえ》くんは熱心《ねっしん》だね。スタジオのかぎをかすから、好《す》きな時間《じかん》に使《つか》っていいよ。」

あるとき、バレエスクールの先生《せんせい》が、そんなことをいってくれました。レッスン後《ご》の深夜《しんや》、一人《ひとり》で練習《れんしゅう》できることになったのです。真夜中《まよなか》から明《あ》け方《がた》の時間《じかん》は、静《しず》まりかえっていて、バレエと向《む》きあうのにぴったりでした。

こんなふうにぼくは、大学《だいがく》三年生《ねんせい》まで、バレエを中心《ちゅうしん》に、大学《だいがく》の授業《じゅぎょう》やアルバイトに明《あ》けくれました。ぼくは、新聞奨学生《しんぶんしょうがくせい》で、新聞社《しんぶんしゃ》から学費《がくひ》を出《だ》してもらう

代《か》わりに、新聞配達《しんぶんはいたつ》の仕事《しごと》をしていました。朝《あさ》は、朝刊《ちょうかん》の配達《はいたつ》。それから大学《だいがく》へ行《い》き、授業《じゅぎょう》が終《お》わると、夕刊《ゆうかん》の新聞配達《しんぶんはいたつ》へ。そして新聞《しんぶん》を配《くば》りおわると、レッスンへ行《い》き、終《お》わったら別《べつ》のアルバイトへ。アルバイトが終《お》わって、行《い》けるときは、バレエスクールのスタジオで一人《ひとり》で練習《れんしゅう》。家《いえ》に帰《かえ》るのが明《あ》け方《がた》になることもありましたが、どんなにつかれていても、筋肉《きんにく》をきたえるトレーニングと柔軟体操《じゅうなんたいそう》は、必《かなら》ず行《おこな》いました。

こうした日々《ひび》が過《す》ぎ、大学《だいがく》四年《ねん》になる春《はる》をむかえました。あと一年《ねん》ちょっとで卒業《そつぎょう》です。ぼくは、大学《だいがく》のとちゅうから舞踊科《ぶようか》に進《すす》んでいました。舞踊科《ぶようか》の卒業《そつぎょう》生《せい》は、バレエの先生《せんせい》になったり、テーマパークのダンサーになったりしています。

このころは、いろいろなバレエスクールの発表会《はっぴょうかい》に、ゲストダンサーとしてよばれることも多《おお》くなっていました。先《せん》ぱいダンサーの代《か》わりに、アルバイトでバレエを教《おし》えることもあります。このままバレエダンサーとしてどこかのバレエ団《だん》に入《はい》るか、あるいは海外《かいがい》に留学《りゅうがく》して、さらにレッスンを積《つ》むか……。

　そんなふうに将来《しょうらい》を考《かんが》えはじめていた、ある日《ひ》のことです。ぼくは金森穣《かなもりじょう》さんという、ヨーロッパで長年活《ながねんかつ》やくしたダンサーの舞台《ぶたい》を見《み》に行《い》きました。そして、しょうげきを受《う》けたのです。

（すごい！　こんなにかっこいいダンスが世《よ》の中《なか》にあったのか！）

　ぼくは、全身《ぜんしん》にいなずまが走《はし》ったように感《かん》動《どう》しました。

　金森《かなもり》さんの舞台《ぶたい》は、コンテンポラリーダンスというジャンルでした。ヨーロッパなどで

大学時代《だいがくじだい》、バレエの発表会《はっぴょうかい》にゲスト出演《しゅつえん》。写真右《しゃしんみぎ》、『シンデレラ』の王子役《おうじやく》（2001年《ねん》）、写真左《しゃしんひだり》『ジゼル』の農民《のうみん》ペザント役《やく》として（2003年《ねん》）。

はたいへん有名《ゆうめい》で、表現《ひょうげん》に決《き》まりがなく、自由《じゆう》に身体表現《しんたいひょうげん》するおどりです。そのときの金森《かなもり》さんのダンスは、美《うつく》しく型《かた》が決《き》まったバレエに、独自《どくじ》の自由《じゆう》な表現《ひょうげん》を加《くわ》えたものでした。

（振《ふ》り付《つ》けも、お客《きゃく》さんへの見《み》せ方《かた》も、かっこいい！　体《からだ》を使《つか》っておどって表現《ひょうげん》したいとぼくが思《おも》っていたのは、こういうことだったのかもしれない！）

ぼくは、すっかり、みりょうされました。

大学《だいがく》にはこのジャンルの授業《じゅぎょう》がなかったので、金森《かなもり》さんの開《ひら》く公開練習《こうかいれんしゅう》に通《かよ》い、コンテンポラリーダンスを勉強《べんきょう》しました。

公開練習《こうかいれんしゅう》では、二人以上《ふたりいじょう》で組《く》み、その場《ば》で動《うご》きを作《つく》ります。全身《ぜんしん》の、これまで動《うご》かそうと意識《いしき》したことのない場所《ばしょ》を動《うご》かしていきます。新《あたら》しい動《うご》きが、次《つぎ》から次《つぎ》へ生《う》みだされていく感《かん》じが新《しん》せんで、ワクワクします。いろいろな振《ふ》り付《つ》けのアイディアがわいてきて、楽《たの》しくて仕方《しかた》ありませんでした。

大学《だいがく》の卒業《そつぎょう》に向《む》けたダンス発表《はっぴょう》でも、自分《じぶん》たちで振《ふ》りつけたコンテンポラリーダンスの作品《さくひん》を、同級生《どうきゅうせい》たちとおどりました。

新《あたら》しくて、個性的《こせいてき》で、自由《じゆう》で、やく動的《どうてき》で、それでいて芸術的《げいじゅつてき》な美《うつく》しさも持《も》ちあわせているダンス。

ぼくは、ますますコンテンポラリーダンスにのめりこみ、プロのコンテンポラリーダンサーになることを目指《めざ》して、大学《だいがく》を卒業《そつぎょう》しました。

コラム1

いろいろなダンス、どうちがうの？

大前《おおまえ》さんが、おどってきた、そして今《いま》もおどっている、いろいろな種類《しゅるい》のダンス。いったい、どんなちがいがあるのでしょう。

バレエ

1800年代《ねんだい》、ヨーロッパで生《う》まれたおどり、舞台《ぶたい》。古典的《こてんてき》な物語《ものがたり》の作品《さくひん》をおどることが多《おお》い。曲《きょく》や振《ふ》り付《つ》けが決《き》まっているものをクラシックバレエ、自由《じゆう》なものをモダンバレエという。

ジャズダンス

1900年代初《ねんだいはじ》め、アメリカでジャズ音楽《おんがく》に合《あ》わせた動《うご》きとして生《う》まれた。現在《げんざい》は、さまざまな音楽《おんがく》でおどる。バレエの要素《ようそ》を元《もと》とした、自由《じゆう》な動《うご》き、振《ふ》り付《つ》けが特《とく》ちょう。

コンテンポラリーダンス

1900年代後半《ねんだいこうはん》から世界《せかい》に広《ひろ》がった、型《かた》にとらわれない自由《じゆう》なおどり。バレエを元《もと》にしたもの、日常《にちじょう》の動《うご》きを元《もと》にしたもの、即《そっ》きょうでおどるものなど、ダンサーによって表現《ひょうげん》はさまざま。

ブレイクダンス

1970年代《ねんだい》にアメリカで生《う》まれた、ストリートダンスの一《ひと》つ。ゆかを使《つか》い、体《からだ》の回転《かいてん》などの技《わざ》、ポーズで表現《ひょうげん》する。ダンスバトルという競《きそ》いあう場《ば》があり、2024年《ねん》パリ五輪《ごりん》では競技《きょうぎ》となる予定《よてい》。

大前《おおまえ》さんより一言《ひとこと》

ほかにも、ヒップホップや、日本舞踊《ぶよう》など、おどりにはいろいろあるよ。自分《じぶん》が好《す》きな動《うご》きを楽《たの》しんでみよう！

写真協力／アルファクト

第《だい》5章《しょう》

思《おも》わぬ事故《じこ》

大学《だいがく》を卒業《そつぎょう》した次《つぎ》の年《とし》、二〇〇三年《ねん》の春《はる》のことです。

「聞《き》いた？　金森《かなもり》さんがダンサーを集《あつ》めて、新《あたら》しくダンスカンパニーをつくるって。」

「うん！　わたしも応募《おうぼ》するつもり。」

そんな会話《かいわ》が、あちこちのコンテンポラリーダンサーたちの間《あいだ》で交《か》わされました。

金森穣《かなもりじょう》さんが、新潟《にいがた》でノイズムという名前《なまえ》の、大《おお》きなダンスカンパニーを立《た》ちあげることになったのです。そのため、新《あたら》しくダンサーを大募集《だいぼしゅう》すると

金森《かなもり》さんのオーディションを受《う》けようと決意《けつい》したころ。神戸《こうべ》のバレエコンクールでコンテンポラリーダンスをおどる。(2003年《ねん》)

いうのです。

ぼくもその話《はなし》を聞《き》いて、むねをおどらせていました。

ダンサーのぼしゅうが始《はじ》まると、ぼくはさっそく応《おう》ぼしました。書類《しょるい》の一次《じ》しんさを通《とお》り、次《つぎ》はダンステストがある二次《じ》しんさです。

二次《じ》しんさが行《おこな》われる大阪《おおさか》の会場《かいじょう》へ行《い》くと、五十人《にん》ほどのダンサーが集《あつ》まっていました。すでに名《な》の知《し》れたダンサーもいます。大学《だいがく》の同級生《どうきゅうせい》や仲間《なかま》たちもいました。みんな、エネルギーに満《み》ちあふれた、生《い》き生《い》きとした若手《わかて》ばかりです。

(この中《なか》から選《えら》ばれるのは数名《すうめい》か……。きびしそうだな。)

思《おも》わず心《こころ》の中《なか》でつぶやきました。

その日《ひ》、ぼくは、ケツメイシの『花鳥風月《かちょうふうげつ》』という曲《きょく》を使《つか》って、うたいながらおどりました。自然《しぜん》の大《おお》きさ美《うつく》しさを表現《ひょうげん》しようと、ぼくの生《う》まれそだったふるさとを思《おも》いおこしながら——。

自信《じしん》はありませんでしたが、やりきった気持《きも》ちで、ぼくは家《いえ》に帰《かえ》りました。

やがて十一月下旬《がつげじゅん》になり、一通《つう》の手紙《てがみ》が届《とど》きました。

『二次《じ》しんさに通《とお》りましたので、十二月一日《がつついたち》に新潟《にいがた》で行《おこな》われる「最終《さいしゅう》しんさ」へおこしください。』

「やったー!」

ぼくは、アパートの郵便受《ゆうびんう》けの前《まえ》でさけびました。

夢《ゆめ》が、いよいよ近《ちか》づきました。あと一《ひと》つ、最終《さいしゅう》しんさに合格《ごうかく》できれば、あこがれの金森《かなもり》さんのダンスカンパニーで、プロのダンサーになれるのです。

最終《さいしゅう》しんさの前《まえ》の日《ひ》のことです。外出先《がいしゅつさき》から家《いえ》に帰《かえ》ってきたぼくは、けいたい電話《でんわ》を持《も》っていないことに気《き》づきました。

(どこか、道《みち》で落《お》としたのかな。)

すぐに引《ひ》きかえし、さがすことにしました。でも、なかなか見《み》つかりません。

だんだんあせりはじめた、そのときでした。

キキーッ!

後《うし》ろで大《おお》きな音《おと》がしました。ふりむくと、車《くるま》が横《よこ》すべりで、自分《じぶん》のほうに向《む》かってきます。

一《いっ》しゅん、気《き》を失《うしな》ったのかもしれません。気《き》がつくとぼくは、道《みち》にあおむけにたおれていました。車《くるま》にはねられたのです。起《お》きあがろうとしましたが、体《からだ》が動《うご》きません。

救急車《きゅうきゅうしゃ》に乗《の》せられ、ぼくは大阪市内《おおさかしない》の病院《びょういん》に運《はこ》ばれました。病院《びょういん》では、看護師《かんごし》や医師《いし》が代《か》わる代《が》わるやってきては、ぼくのけがのようすをみてくれます。

小《ちい》さいころからさんざんけがをしてきたぼくですが、これほどの、ひどいいたみは初《はじ》めてでした。

しばらくして、

「大前《おおまえ》くん、大前《おおまえ》くん。」

と、医師《いし》に声《こえ》をかけられました。

「大前《おおまえ》くん、この左足《ひだりあし》のひざ下《した》ね……、すぐに切《き》らないと、きず口《ぐち》から、ばいきんが入《はい》って、命《いのち》に関《かか》わるんだ。」

命《いのち》に関《かか》わる――!?

「ええ!? ……じゃあ、切《き》ってください。」

ぼくは、すぐさま、そう答《こた》えました。しぼりだすような声《こえ》だったと思《おも》います。

手術《しゅじゅつ》には家族《かぞく》の同意《どうい》が必要《ひつよう》だということで、病院《びょういん》から父母《ちちはは》に連絡《れんらく》を取《と》ってくれました。

それから数時間《すうじかん》たった、朝《あさ》四時《じ》過《す》ぎ。

不安《ふあん》といたみで意識《いしき》がもうろうとする中《なか》で、こちらに走《はし》ってくる看護師《かんごし》さんが見《み》えました。その後《うし》ろに、二年《ねん》ぶりに会《あ》う、父《ちち》と母《はは》がいました。

母《はは》は泣《な》いていました。取《と》りみだした顔《かお》で、何《なに》もいわず泣《な》いていました。

「光市《こういち》。」

と、父《ちち》がベッドに近《ちか》づきます。

そのとき、ふわっと、何《なに》かに包《つつ》まれる感覚《かんかく》がしました。見《み》ると、ぼくの手《て》が、父《ちち》の両手《りょうて》でがっちりとにぎりしめられていました。

寒《さむ》い冬《ふゆ》の夜《よる》に、だれかがあたたかいふとんをかけてくれたような、真《ま》っ暗《くら》な知《し》らない街《まち》を歩《ある》いていて、やっと明《あ》かりを見《み》つけたような、安心《あんしん》できて心《こころ》が休《やす》まる感覚《かんかく》でした。

「光市《こういち》、お前《まえ》なら、だいじょうぶやけな。負《ま》けるなよ。」

父《ちち》は、やさしく声《こえ》をかけてくれました。父《ちち》がぼくの進路《しんろ》に反対《はんたい》したのが七年前《ねんまえ》。それ以来《いらい》、会《あ》っても会話《かいわ》をさけていた父《ちち》でした。その父《ちち》が、ずっとずっと見守《みまも》っているからな、とでもいうように、ぼくの手《て》をにぎりつづけてくれているのです。

ぼくは、父《ちち》の手《て》の温《あたた》かさと大《おお》きさに包《つつ》まれて、体《からだ》のいたみと不安《ふあん》が、どんどんやわらいでいきました。

父《ちち》の手《て》は、ぼくが小《ちい》さかったころと変《か》わらず、深《ふか》いしわのある、ゴツゴツの手《て》でした。家族《かぞく》や地域《ちいき》のために、雨《あめ》の日《ひ》も風《かぜ》の日《ひ》も働《はたら》いてきた、父《ちち》の手《て》。たくましくて強《つよ》くて、やさしくて、美《うつく》しい手《て》だと、ぼくはこのとき思《おも》いました。

(ぼくは今《いま》から手術《しゅじゅつ》をする。手術《しゅじゅつ》が終《お》わったら、お父《とう》さんのように、たくましく力強《ちからづよ》く生《い》きよう。)

気持《きも》ちを強《つよ》く持《も》って手術室《しゅじゅつしつ》に向《む》かえたのは、父《ちち》のおかげでした。

第《だい》6章《しょう》

孤独《こどく》と不安《ふあん》

手術《しゅじゅつ》があった日《ひ》の午後《ごご》、目《め》をさましたぼくは、ぼんやりした意識《いしき》の中《なか》で、自分《じぶん》に起《お》こったことを思《おも》いかえそうとしました。左足《ひだりあし》は、大《おお》きな包帯《ほうたい》がぐるぐる巻《ま》かれていました。

（ぼくは、車《くるま》にひかれた。お父《とう》さんとお母《かあ》さんが来《き》てくれた。手術《しゅじゅつ》をした。）

そして、ぼくは、大事《だいじ》なことを思《おも》いだしたのです。

「そうだ！　ぼくは新潟《にいがた》へ行《い》かなくちゃ。オーディションがあるんだ！」

ぼくはさけび、ベッドからぬけでようとしました。

「行《い》かなきゃ！　行《い》かないと最終《さいしゅう》しんさを受《う》けられない！」

そう言《い》ってもがくぼくを、父《ちち》と母《はは》がおさえます。

「今《いま》のじょうたいで、どうやって行《い》くつもりなの？」

と、母《はは》がぼくをなだめました。たしかにそうです。手術後《しゅじゅつご》すぐに、行《い》けるはずがないのです。

「でも、金森《かなもり》さんのところへ行《い》かなきゃ！　行《い》って事情《じじょう》を説明《せつめい》しなくちゃ！」

ぼくは取《と》りみだしていました。昨《さく》ばんからの、まったく想像《そうぞう》もしていなかったできごとに、頭《あたま》の中《なか》がぐちゃぐちゃでした。

病室《びょうしつ》には、事故《じこ》のことを知《し》った、バレエスクールの涌井先生《わくいせんせい》も来《き》てくれていました。

涌井先生《わくいせんせい》は、ぼくのようすを見《み》て、けいたい電話《でんわ》を差《さ》しだしてきました。

「大前《おおまえ》くん、金森《かなもり》さんやで。」

涌井先生《わくいせんせい》は、金森《かなもり》さんに連絡《れんらく》を取《と》ってくれたのです。電話口《でんわぐち》の金森《かなもり》さんの声《こえ》は落《お》ちついていて、ぼくの心《こころ》にひびいてきました。

「今回《こんかい》はあきらめろ。治《ち》りょうをして、またのチャンスを待《ま》つんだ。」

ぼくは金森《かなもり》さんのその言葉《ことば》で、少《すこ》しだけ気持《きも》ちが落《お》ちつきました。

その日《ひ》から、ぼくは、ベッドでひたすら安静《あんせい》にしなければなりませんでした。

それで気《き》づいたことがありました。ぼくには、ダンスの練習以外《れんしゅういがい》に、することしたいことがなかったのです。

（ああ、おどりたいなあ。）

思《おも》うばかりで、ただただ、時間《じかん》だけがすぎていきます。

数日後《すうじつご》、一人《ひとり》の見舞《みま》い客《きゃく》がやってきました。大学《だいがく》の同級生《どうきゅうせい》でした。彼女《かのじょ》が金森《かなもり》さんのダンスカンパニーに合格《ごうかく》したことを、ぼくは人《ひと》から聞《き》いて知《し》っていました。

「おめでとう。」

ぼくがいうと、彼女《かのじょ》は小《ちい》さくうなずき、小《ちい》さな声《こえ》で、

「ありがとう。」

といいました。彼女《かのじょ》の目《め》がうるみました。それを見《み》たら、ぼくの目《め》からも、いつのまにかなみだがあふれていました。

彼女《かのじょ》は静《しず》かに帰《かえ》っていきました。

（せっかく来《き》てくれたのに、ごめん……。）

ぼくは、彼女《かのじょ》の背中《せなか》にいいました。

それから、くやしなみだを流《なが》す日々《ひび》が始《はじ》まりました。未来《みらい》という行《い》き先《さき》に向《む》かって、みんなで走《はし》っていたのに、とつぜんぼくだけが、深《ふか》くて暗《くら》いがけに落《お》ちてしまったような感覚《かんかく》です。はいあがるどころか、身動《みうご》きもできません。

みんな、ぼくに気《き》づきませんし、気《き》づいても助《たす》けようがなく、どんどん先《さき》に行《い》ってしまいます。ぼくは取《と》りのこされたままです。そんな世界《せかい》にいるようでした。

こういう気持《きも》ちを、「孤独《こどく》」というのかと思《おも》いました。

病院《びょういん》には、ぼく以外《いがい》にも足《あし》の手術《しゅじゅつ》をした人《ひと》たちがいます。みんなリハビリをし、退院《たいいん》をして、ふだんの生活《せいかつ》にもどっていきます。そういうすがたを見《み》て、前向《まえむ》きに考《かんが》えようと思《おも》うのですが、なかなか切《き》りかえられませんでした。

ぼくは、手術後《しゅじゅつご》しばらく、切《き》る前《まえ》の左足《ひだりあし》の指先《ゆびさき》の感覚《かんかく》が残《のこ》っていました。不思《ふし》議《ぎ》なことに、ないはずのひざから下《した》が、あるような気《き》がするのです。こういった

現象《げんしょう》は、ぼくのように事故《じこ》で、あるいは病気《びょうき》で手足《てあし》を切《き》った人《ひと》に、よく起《お》こるそうです。

　ぼくは、その現象《げんしょう》になれるまで、歩《ある》こうとして、ないはずの左足《ひだりあし》のつま先《さき》に体《たい》重《じゅう》をかけては、転《ころ》んでしまうことがしばしばありました。

（ひざ下《した》がない感覚《かんかく》を、なかなかつかめない。このじょうたいで、また、おどれるようになるのかな。）

　この先《さき》、ぼくはどうなるんだろうと考《かんが》えては、不安《ふあん》でこわくなりました。

　手術《しゅじゅつ》から二か月後《げつご》、義足《ぎそく》をつけてのリハビリが始《はじ》まりました。

「イタタタ！」

　初《はじ》めて義足《ぎそく》をつけたとき、あまりのいたさに飛《と》びあがりそうになりました。

　短《みじか》くなった足《あし》の先《さき》は、丸《まる》みがあります。そこを、ソケットというおわんのような物《もの》で、包《つつ》むように受《う》けとめるのです。でも皮《ひ》ふは、まだぬいあわせたばかりで、しっかりしていません。ほねのあるところが出《で》っぱっています。そんなところに体重《たいじゅう》の半分《はんぶん》がかかるため、電気《でんき》が走《はし》るようないたみを感《かん》じるのです。

もう一度《いちど》、今度《こんど》はおそるおそる、義足《ぎそく》に体重《たいじゅう》をかけました。そして手《て》すりをはなして、立《た》ちます。一歩《ぽ》、二歩《ほ》、三歩《ぼ》。足《あし》を引《ひ》きずるように歩《ある》いてみます。もうそれだけで限界《げんかい》。すぐに手《て》すりにつかまりました。

「わあ！　ダンスをやられていたからですかね。バランス感覚《かんかく》がいい。」

後《うし》ろから声《こえ》が聞《き》こえました。

リハビリ担当《たんとう》のスタッフさんでした。

「初《はじ》めてで手《て》すりなしで歩《ある》けるとは、すごい、すごい。」

明《あか》るいスタッフさんのおかげで、ぼくは元気《げんき》が出《で》ました。義足《ぎそく》を使《つか》いはじめるとき、体重《たいじゅう》をあずけたり、重心《じゅうしん》をおく感覚《かんかく》をつかんだりすることは、なかなかむずかしいのだそうです。

（そうか。これまでダンスをがんばってきたおかげなのかな……。

――ぼくは、やっぱり、ダンスをあきらめたくない。こうして歩《ある》く練習《れんしゅう》をしていれば、その先《さき》に、ダンサーになれる道《みち》があるかもしれない。）

ぼくは、そう自分《じぶん》をはげましました。そのころのぼくは、義足《ぎそく》でおどるダンサーがいるなど、聞《き》いたことはありません。けれど、だからあきらめるなんてことは、まったく考《かんが》えられませんでした。

「お前《まえ》なら、だいじょうぶやけな。」

父《ちち》の言葉《ことば》も聞《き》こえたように思《おも》いました。

ぼくは、毎日《まいにち》のリハビリに、積極的《せっきょくてき》に取《と》りくみました。そして、ふたたび「おどる」という目標《もくひょう》に向《む》かえるようになりました。

四か月《げつ》の入院中《にゅういんちゅう》、大学《だいがく》の恩師《*おんし》やたくさんのダンサー仲間《なかま》たちが、おみまいに来《き》てくれました。

みんな、

「大前《おおまえ》くんなら、ぜったいもう一度《いちど》おどれる。」

と、前向《まえむ》きな言葉《ことば》をかけてくれます。

「ありがとう。うれしいよ。」

ぼくはみんなのはげましを、だんだんと素直《すなお》に受《う》けいれられるようになりました。

＊恩師《おんし》…教《おし》えてもらい、世話《せわ》になった先生《せんせい》。

コラム2

義足《ぎそく》って、どんなもの？

義足《ぎそく》は、おもに、事故《じこ》や病気《びょうき》などで切《き》った足《あし》につける、人工《じんこう》の足《あし》です。ここでは、大前《おおまえ》さんがリハビリでも使《つか》った、日常生活用《にちじょうせいかつよう》の義足《ぎそく》を紹介《しょうかい》します。

日常生活《にちじょうせいかつ》で使《つか》う義足《ぎそく》の種類《しゅるい》

歩《ある》く動《うご》きなどを目的《もくてき》にしたもの。足《あし》をどこで切《き》ったかによって、使《つか》う義足《ぎそく》がちがう。おもに、2種類《しゅるい》の義足《ぎそく》がある。

★下《か》たい義足《ぎそく》

ひざより下《した》を切断《せつだん》した人《ひと》が使《つか》う。大前《おおまえ》さんが使用《しよう》するのは、このタイプ。

★大《だい》たい義足《ぎそく》

ひざより上《うえ》を切断《せつだん》した人《ひと》が使《つか》う。

写真協力／鉄道弘済会義肢装具サポートセンター

大前《おおまえ》さんより一言《ひとこと》

上《うえ》の写真《しゃしん》は、2つとも子《こ》ども用《よう》の義足《ぎそく》だよ。成長《せいちょう》に合《あ》わせて、作《つく》りかえるんだ。楽《たの》しい柄《がら》のものも多《おお》くて、好《この》みに合《あ》わせて作《つく》れるよ。

義足《ぎそく》の仕組《しく》み

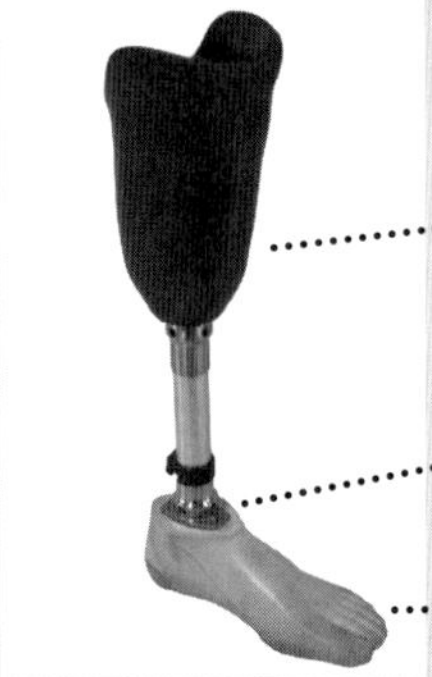

ここでは、大前《おおまえ》さんがふだんの生活《せいかつ》で使《つか》っている、下《か》たい義足《ぎそく》の仕組《しく》みを紹介《しょうかい》します。

ソケット

切断部《せつだんぶ》を包《つつ》みこむ形《かたち》で体重《たいじゅう》をささえ、義足《ぎそく》に動《うご》かす力《ちから》を伝《つた》える。

足《あし》つぎ手《て》

足首《あしくび》の関節《かんせつ》のような働《はたら》きをする。

足部《そくぶ》

地面《じめん》に着《つ》いたとき、バランスをとる。

大前《おおまえ》さんより一言《ひとこと》

おどるときの義足《ぎそく》には、別《べつ》の工夫《くふう》があるよ。106ページを見《み》てみてね。

第《だい》7章《しょう》

プロのダンサーに、なりたいのに

事故《じこ》から四か月《げつ》ほどがたち、さくらがさく季節《きせつ》になりました。

世《よ》の中《なか》の多《おお》くの人《ひと》たちが新《あたら》しいスタートを切《き》るこの時期《じき》に、ぼくは退院《たいいん》しました。足《あし》にまだいたみはありましたが、リハビリのかいがあって、義足《ぎそく》をつけて歩《ある》けるようになっていました。

生活《せいかつ》のため、アルバイトを始《はじ》めましたが、ぼくの目標《もくひょう》はただ一《ひと》つ。「プロのダンサーになること」です。それには一刻《いっこく》も早《はや》くレッスンを始《はじ》め、まずは事故《じこ》の前《まえ》と同《おな》じレベルにまで追《お》いつこうと思《おも》っていました。それは大《おお》きなかんちがいだったのですが……。

久《ひさ》しぶりにワクイバレエスクールに行《い》ったぼくを、先生《せんせい》や仲間《なかま》は、温《あたた》かくむかえてくれました。

「大前《おおまえ》くん！　お帰《かえ》り。」

「よく帰《かえ》ってきたな。」

以前《いぜん》と同《おな》じ、バレエのレッスンが始《はじ》まります。ちがうのは、左足《ひだりあし》が義足《ぎそく》という

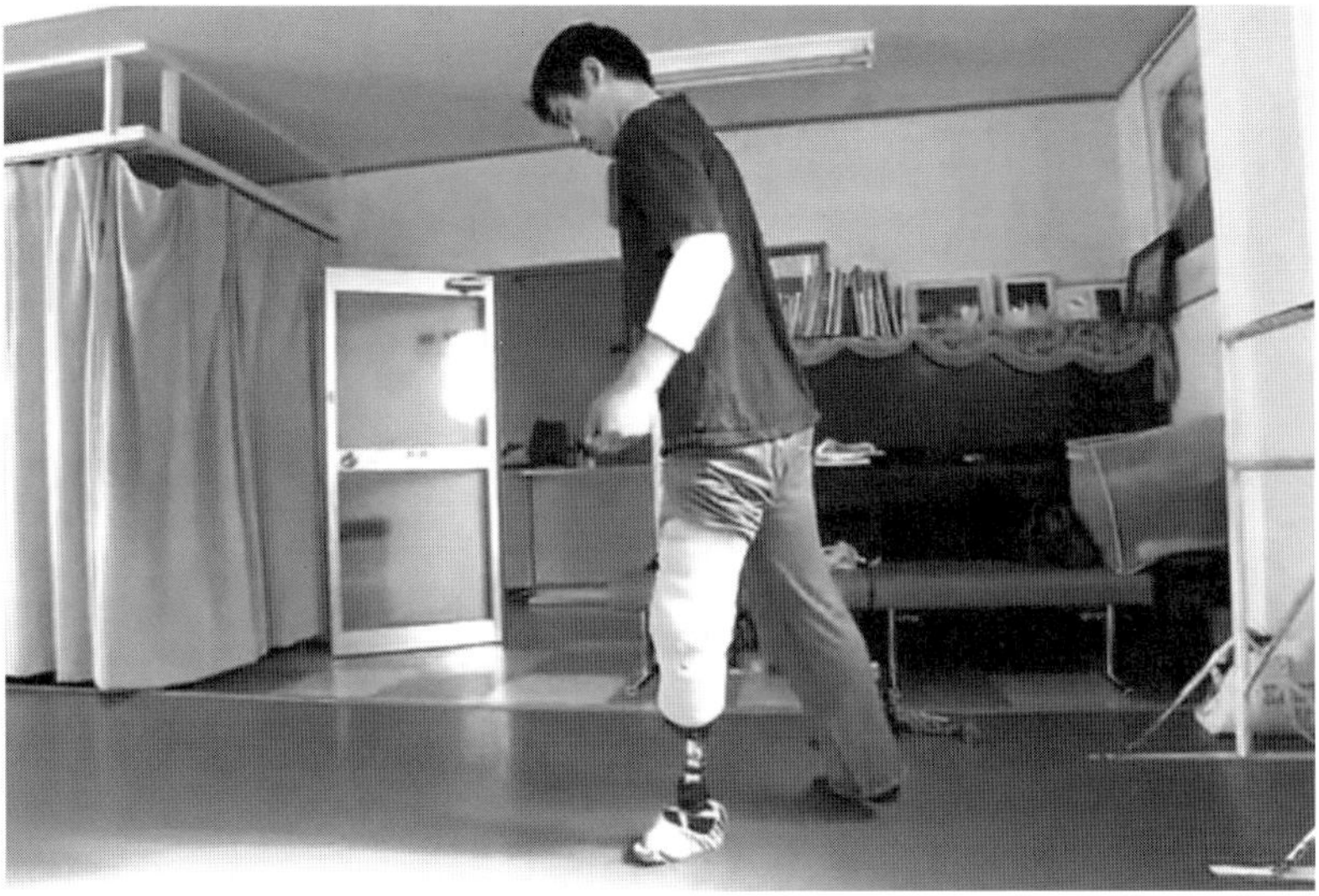

バレエレッスン再開直後《さいかいちょくご》。思《おも》うように体《からだ》を動《うご》かせない。(2004年《ねん》)

だけです。

ところが……。

ドッテーン!

レッスンが始《はじ》まったとたん、こけてしまったのです。初歩《しょほ》の初歩《しょほ》の動《うご》きすら、ぼくはできなくなっていました。

ダンスでは、足《あし》を曲《ま》げる、のばす、ふんばるなどといった、ふくざつな動《うご》きをしますが、どれも体《からだ》のじくがしっかりしていないと、できません。

ぼくは、左足《ひだりあし》のひざから下《した》がなくなったことで、ダンスのとき体重《たいじゅう》をどこにかければいいのか、体《からだ》のじくが、どこなのか、わからなくなってしまったのです。

おどれる自分《じぶん》が、わりと近《ちか》くにいると思《おも》っていたのに、いきなり、はるかかなたに見《み》えなくなった感《かん》じがしました。

「ウッ、ウーッ、ワーッ!!」

大《おお》つぶのなみだがこぼれおち、人目《ひとめ》もかまわず、声《こえ》を上《あ》げて泣《な》きました。

「まあ、初日《しょにち》だし、無理《むり》をしないで。」

先生《せんせい》が、ぼくのかたをたたいてくれました。

次《つぎ》の日《ひ》も、ぼくはレッスンに行《い》きました。そして、何度《なんど》も何度《なんど》もこけました。

次《つぎ》の日《ひ》も、その次《つぎ》の日《ひ》も……。毎日《まいにち》、帰《かえ》るころには、左足《ひだりあし》の先《さき》が真《ま》っ赤《か》になり、血《ち》がにじみました。

その部分《ぶぶん》の皮《ひ》ふはまだうすくて弱《よわ》く、長時間《ちょうじかん》義足《ぎそく》をつけたり、激《はげ》しく動《うご》いたりすると、きずつくのです。

いたみはかなりのものでしたが、がまんしてレッスンをしなければ、前《まえ》には進《すす》めません。ただ、レッスンをしすぎると、足《あし》をいためてしまう可能性《かのうせい》があります。毎日《まいにち》、練習《れんしゅう》は二時間《じかん》が限界《げんかい》で、おどりたい気持《きも》ちと、足《あし》に負担《ふたん》をかけたくない気《き》持《も》ちとのたたかいでした。

もう一《ひと》つ、大《おお》きな問題《もんだい》がありました。じく足《あし》を変《か》えなければならなかったのです。ぼくはこれまで、くるくる回《まわ》るターンや、ジャンプのふみ切《き》りのときは、左《ひだり》足《あし》を使《つか》っていました。でも左足《ひだりあし》のひざ下《した》を切《き》った今《いま》は、右足《みぎあし》が、じくに変《か》わります。そのための訓練《くんれん》をしなければなりません。

（たいへんでも、あきらめないでがんばらなくちゃ。ダンスを続《つづ》けよう。お父《とう》さんのように、たくましく生《い》きるんだ。）

ぼくは自分《じぶん》をふるいたたせ、練習《れんしゅう》を続《つづ》けました。

コンテンポラリーダンスも、ふたたび始《はじ》めました。毎日《まいにち》、バレエとコンテンポラリーダンスのレッスンに通《かよ》います。目指《めざ》していたのはコンテンポラリーダンサーでしたが、バレエはすべてのダンスの基本《きほん》です。日々《ひび》の練習《れんしゅう》は、両方《りょうほう》欠《か》かせ

＊じく足《あし》…ダンスやスポーツなどで、じくのように自分《じぶん》の体《からだ》をささえる足《あし》。

ませんでした。

レッスンに復帰《ふっき》して二か月《げつ》くらいたったころ、ぼくは東京《とうきょう》へ、金森《かなもり》さんのダンスカンパニーの公演《こうえん》を見《み》に行《い》きました。

(もし、ぼくが事故《じこ》にあわなければ、立《た》っていたかもしれない舞台《ぶたい》……。)

ふとそんな思《おも》いが頭《あたま》をよぎり、頭《あたま》をふって「もし」の想像《そうぞう》を頭《あたま》から追《お》いだしました。

公演《こうえん》では、ぼくの同級生《どうきゅうせい》やオーディションでいっしょだったダンサーが、生《い》き生《い》きとおどり、活《かつ》やくしていました。

(ぼくも、彼《かれ》らがいる舞台《ぶたい》に立《た》つんだ。)

そう思《おも》い、その日《ひ》から、練習《れんしゅう》にさらに熱《ねつ》が入《はい》りました。事故《じこ》の後《あと》、できなくなっていたジャンプやターンも、少《すこ》しずつできるようになりました。

おどるための義足《ぎそく》も工夫《くふう》しました。当時《とうじ》は、日本で義足《ぎそく》をつけておどるダンサーはめずらしかったので、だれかの義足《ぎそく》を参考《さんこう》にするというわけにはいきません。

ぼくは、義肢装具士《ぎしそうぐし》の佐熊《さくま》さんに相談《そうだん》しました。義肢装具士《ぎしそうぐし》というのは、一人《ひとり》一人《ひとり》に合《あ》わせた義足《ぎそく》や義手《ぎしゅ》を作《つく》ってくれる人《ひと》です。

「前《まえ》と同《おな》じようにおどれる義足《ぎそく》を、作《つく》れないでしょうか。義足《ぎそく》の先《さき》も、のばせるようにしたいです。」

「やったことがない、むずかしい注文《ちゅうもん》ですねえ……。」

うーんと考《かんが》えこんだ佐熊《さくま》さんでしたが、それから、何《なん》とかしたいと、あれこれためして作《つく》ってくれました。ばねを入《い》れたり、義足《ぎそく》の足首《あしくび》部分《ぶぶん》を回《まわ》せるようにしたりなど工夫《くふう》してくれましたが、なかなかおどりやすくはなりません。

ぼくは、あきらめ半分《はんぶん》で、こんな相談《そうだん》をしてみました。

「義足《ぎそく》の、つま先《さき》の部分《ぶぶん》を切《き》ってもらえないでしょうか。」

切《き》ると、左足《ひだりあし》の義足《ぎそく》は、ぼうに近《ちか》い形《かたち》になります。義足《ぎそく》の足先《あしさき》がゆかに引《ひ》っかかって、こけることだけは、さけられるように思《おも》ったのです。

「これで、おどれるでしょうか。」

佐熊《さくま》さんは心配《しんぱい》していましたが、ためしてみたところ、ずいぶんとおどりやすくなりました。

このことがきっかけとなって、ぼくは、義足《ぎそく》の形《かたち》を工夫《くふう》することを考《かんが》えるようになりました。義肢装具士《ぎしそうぐし》さんと相談《そうだん》して、これまでの義足《ぎそく》の形《かたち》にはない、おどる動《うご》きに合《あ》った形《かたち》を考《かんが》えていこうと思《おも》ったのです。

また、ぼくは、事故《じこ》のあと、進化《しんか》していたことがありました。上半身《じょうはんしん》をよく使《つか》うようになって、表現《ひょうげん》のはばが広《ひろ》がったのです。左足《ひだりあし》が短《みじか》くなったために、これまでできたことで、できなくなったことはあります。でも、新《あたら》しくできることもふえていたのです。

つま先《さき》の部分《ぶぶん》を切《き》ってもらった、義足《ぎそく》。

事故《じこ》から一年後《ねんご》、新潟《にいがた》の金森《かなもり》さんのダンスカンパニーのオーディションに再挑戦《さいちょうせん》する日《ひ》がやってきました。レッスンをがんばってきたのは、いってみればこの日《ひ》のためです。

でも、結果《けっか》は、不合格《ふごうかく》でした。

ぼくはまた一年間《ねんかん》、レッスンに明《あ》けくれることになりました。

(半年《はんとし》あまりの訓練《くんれん》だもの、まだまだだな。また来年《らいねん》がんばろう。できなくなったことよりも、これから何《なに》ができるようになるかが、重要《じゅうよう》なんだ!)

自分《じぶん》をはげましつづけました。

岐阜《ぎふ》にいる父《ちち》や母《はは》からは、一か月《げつ》に一回《かい》は、「元気《げんき》か?」と、電話《でんわ》がかかってきました。父《ちち》は、もうダンスをすることに反対《はんたい》していませんでした。

たまに、バレエの発表会《はっぴょうかい》に出《で》ることがあり、それに向《む》けての練習《れんしゅう》もしました。どうしたら義足《ぎそく》を義足《ぎそく》として見《み》えないように、おどれるのか、できなくなってしまった動《うご》きは、どうしたらまたできるのか。ぼくは、そればかりを考《かんが》えて、練習《れんしゅう》

26歳《さい》、バレエの発表会《はっぴょうかい》。事故《じこ》の前《まえ》と同《おな》じように、おどりたかったころ。(2005年《ねん》)

を続《つづ》けました。

次《つぎ》の年《とし》も、金森《かなもり》さんのダンスカンパニーには、合格《ごうかく》できませんでした。

そして、さらに一年《ねん》がたち、二〇〇六年《ねん》の冬《ふゆ》。ぼくは夜行《やこう》バスで、またも新潟《にいがた》を目指《めざ》しました。金森《かなもり》さんにみとめてもらえるかどうか、四度目《どめ》の挑戦《ちょうせん》です。

オーディションでは、その場《ば》で指示《しじ》された振《ふ》り付《つ》けを、参加者全員《さんかしゃぜんいん》でおどることになっていました。

(うわ、今年《ことし》の振《ふ》り付《つ》けは、今《いま》までよりも速《はや》くてはげしいな。)

ダンスが始《はじ》まると、ぼくはほかのダンサーからどんどん動《うご》きがおくれ、振《ふ》りがずれていきました。さらに前日《ぜんじつ》から調子《ちょうし》の悪《わる》かった左足《ひだりあし》が、強《つよ》く、いたみだしました。

ついには足《あし》が動《うご》かなくなり、ぼくはすわりこんでしまいました。

すると、しんさ員《いん》のほうから、きびしい言葉《ことば》が飛《と》んできました。

「おい、きみ。いいか、このシーンではダンサー全員《ぜんいん》が動《うご》きを合《あ》わせなくちゃな

らない。それができないんじゃ、だめだ。」

金森《かなもり》さんでした。

（事故《じこ》の前《まえ》だったら、できたはずの動《うご》きだったのに……。こんなにも努力《どりょく》してきたのに……。）

思《おも》わず、なみだがあふれました。

「舞台《ぶたい》で泣《な》くな。きみは不合格《ふごうかく》だ。」

そういった金森《かなもり》さんの顔《かお》が、かすんで見《み》えました。

雪《ゆき》の降《ふ》る新潟駅《にいがたえき》。ぼくはベンチで夜行《やこう》バスを待《ま》つ間《あいだ》も、ベンチでずっと泣《な》いていました。

（ダンスカンパニーに入《はい》りたい気持《きも》ちは、だれにも負《ま》けないつもりだったのに。それだけではダメだったんだ……。この先《さき》、何《なに》を目指《めざ》して生《い》きていったらいいんだろう。）

そう、ぼんやり考《かんが》えていました。

第《だい》8章《しょう》

一筋《ひとすじ》の、明《あか》るい光《ひかり》

短《みじか》い左足《ひだりあし》に義足《ぎそく》をつけて、事故《じこ》の前《まえ》と同《おな》じようにおどる。そして、事故《じこ》の前《まえ》よりさらにうまくなって、あこがれの金森《かなもり》さんのダンスカンパニーで活《かつ》やくする。

ぼくは、そんな目標《もくひょう》をいだき、目標《もくひょう》をかなえることがすべてだと考《かんが》えていました。けれど、それが打《う》ちくだかれたのです。

新潟《にいがた》のオーディションのあと、ぼくは毎《まい》ばんのように、なみだがかれるまで、泣《な》きつづけました。そして、心《こころ》をとざすようになりました。

（もう、友《とも》だちとも会《あ》いたくない……。）

ぼくは、友人《ゆうじん》たちのいるバレエ教室《きょうしつ》に通《かよ》うこともやめました。

ぼくは事故後《じこご》、大阪《おおさか》で妹《いもうと》とくらしていました。

ときおり、妹《いもうと》が「おにいちゃん、バイト代入《だいはい》ったでしょ。わたしも給料《きゅうりょう》をもらったから、おいしい物《もの》を食《た》べに行《い》こうよ」とさそってくるので出《で》かけ、最近《さいきん》のできごとなどの話《はなし》をします。そうして、少《すこ》しだけ気《き》をまぎらわします。でも、プロダンサーになるという夢《ゆめ》をどんなに考《かんが》えないようにしても、心《こころ》のおくのほうで、あきらめられない何《なに》かがあるのでした。

そんな日々《ひび》を送《おく》っていた二〇〇七年《ねん》のある日《ひ》、ぼくはＳＨＯＨＥＩ《ショーヘイ》さんという、ヒップホップダンサーのステージを見《み》ました。体《からだ》をロボットのように動《うご》かして、だれにもまねできないようなダンスをしていたのです。

ぼくは、ＳＨＯＨＥＩ《ショーヘイ》さんのレッスンに通《かよ》ってみることにしました。

バレエやコンテンポラリーダンスしかやってこなかったぼくにとって、ヒップホップのジャンルは、とてもむずかしいものでした。いっしょにレッスンを受《う》けている小学生《しょうがくせい》のほうが、ぼくよりもずっとうまくおどっていました。

ぼくはほかの生徒《せいと》たちの輪《わ》に入《はい》らず、スタジオのすみっこで、一人《ひとり》、もくもくと練習《れんしゅう》をしました。

ぼくは、やっぱり、ダンスが大好《だいす》きでした。一《ひと》つの夢《ゆめ》がやぶれても、プロダンサーになる道《みち》を、どうしても見《み》つけたかったのです。

（何《なに》か、進歩《しんぽ》のヒントやきっかけがほしい！）

そう望《のぞ》んでいたぼくは、ヒップホップダンスのほかに、ふたたびジャズダンスを始《はじ》め、さらにヨガなど、さまざまなジャンルのレッスンに通《かよ》いはじめました。ロールプレイングゲームの主人公《しゅじんこう》が、アイテムを集《あつ》めるのに似《に》ているかもしれません。いろいろなジャンルの動《うご》きを習《なら》えば、表現《ひょうげん》の仕方《しかた》がふえ、パワーアップして、一味《ひとあじ》ちがうダンスができるかもしれない、と考《かんが》えたのです。

どれもかんたんではありませんでしたが、けんめいに練習《れんしゅう》にはげみました。

何《なに》か、今《いま》と変《か》われるきっかけはないか。そんな切実《せつじつ》な気持《きも》ちでした。

うす暗《ぐら》いトンネルを一歩《ぽ》ずつ歩《ある》いているような毎日《まいにち》。進《すす》んでいるのか、もしかしたら横道《よこみち》へそれているのか、わかりません。でもそれは、自分《じぶん》の好《す》きな道《みち》であることにまちがいありません。ぼくは、ひたすら、おどりつづけました。

ダンスの表現《ひょうげん》のはばを広《ひろ》げようと通《かよ》ったレッスンに、武道《ぶどう》もありました。

武道《ぶどう》とは、日本の古《ふる》くからの文化《ぶんか》の一《ひと》つで、たたかうときのこうげきや、ふせぐ動《うご》きを基本《きほん》にしたものです。バランスのよい体《からだ》の使《つか》い方《かた》や、美《うつく》しく力強《ちからづよ》い存在《そんざい》感《かん》の出《だ》し方《かた》、流《なが》れるようなやわらかい動《うご》き、はく力《りょく》を、武道《ぶどう》から学《まな》びとろうと思《おも》ったのです。

二〇〇八年《ねん》の春《はる》、大阪《おおさか》で、ダンサー向《む》けの武道《ぶどう》のレッスンに参加《さんか》したときのことです。

(あれは大柴《おおしば》さんだ!)

ぼくは心《こころ》の中《なか》でさけびました。参加者《さんかしゃ》の中《なか》に、有名《ゆうめい》な男性《だんせい》ダンサー、大柴拓磨《おおしばたくま》さんがいたのです。

大柴《おおしば》さんは、日本人男性《だんせい》として初《はじ》めて、パリのオペラ座《ざ》バレエ団《だん》とけいやくしたバレエダンサーです。国内《こくない》のコンクールでもいくつも賞《しょう》をとっています。帰国《きこく》後《ご》、大柴《おおしば》さんは、ダンサーや画家《がか》、デザイナーを集《あつ》めて、新《あたら》しい舞台《ぶたい》を作《つく》ろうと活動《かつどう》していました。ぼくも、その舞台《ぶたい》を見《み》に行《い》ったことがあり、あこがれのダン

サーでした。その場《ば》で絵《え》をかいたり、生《い》け花《ばな》とダンスを組《く》みあわせたり、これまでになかった新《あたら》しいスタイルの舞台《ぶたい》に挑戦《ちょうせん》していたのです。

その日《ひ》、ぼくは武道《ぶどう》のレッスンが終《お》わると、大柴《おおしば》さんのところへかけよりました。ぼくは、一年半《ねんはん》ほど前《まえ》にオーディションに落《お》ちてから、まわりの人《ひと》に心《こころ》をとざしがちになっていました。だから、初対面《しょたいめん》の人《ひと》に自分《じぶん》から声《こえ》をかけるなんて、そのときのぼくには考《かんが》えられない行動《こうどう》です。

（でも、今《いま》、話《はな》しかけないと一生後《いっしょうこう》かいする。）

そんな気《き》がしたのです。

「大柴《おおしば》くん、ぼく、きみの舞台《ぶたい》を見《み》に行《い》ったことがあるんだ。」

ぼくは、そう話《はな》しかけました。

「え？　そうなんですか！　ありがとうございます。」

大柴《おおしば》さんは、年上《としうえ》のぼくに、ていねいに答《こた》えてくれました。でもぼくは、きんちょうしすぎていたのか、次《つぎ》のしゅん間《かん》、おどろくようなことを口走《くちばし》っていました。

「すごくおもしろかったよ。……でも、ぼくが出演《しゅつえん》したらもっとよくなるよ。」

大柴《おおしば》さんは、目《め》を丸《まる》くしました。ぼく自身《じしん》も、おどろいていました。

すると、思《おも》いがけない答《こた》えが返《かえ》ってきました。

「もしよかったら、今度《こんど》ぼくらの練習《れんしゅう》に参加《さんか》しませんか。」

大柴《おおしば》さんから、さそってもらえたのです。

「えっ!? いいの？」

「ぜひ！ おもしろいダンサーがたくさんいるので、来《き》てみてください。」

「ありがとう！」

三か月後《げつご》、ぼくは初《はじ》めて、大柴《おおしば》さんの仲間《なかま》たちとの練習《れんしゅう》に参加《さんか》しました。スタジオでは、さまざまなおどりをおどるダンサーたちが、思《おも》い思《おも》いに練習《れんしゅう》をしていました。

武士《ぶし》のように、きびきびした動《うご》きのダンサーは、KATSU《カツ》さん。世界大会《せかいたいかい》で賞《しょう》をとったことがある、ブレイクダンスのダンサーです。刀《かたな》のようにするどい逆《さか》立《だ》ちスタイルが特《とく》ちょうで、そのテクニックと力強《ちからづよ》さに、あっとうされました。風《かぜ》のようにふわふわとおどるのは、金刺《かねざし》わたるさん。コンテンポラリーダンスの若手《わかて》として注目《ちゅうもく》されています。やわらかい美《うつく》しい動《うご》きには、ついつい見《み》とれてしまいます。

大柴《おおしば》さんをはじめ、みな一流《いちりゅう》のダンサーばかりです。また、個性的《こせいてき》で、自分《じぶん》ならではのカッコよさ、特《とく》ちょうをもっているのでした。

ぼくも少《すこ》しおどってみると、

「いいね、かっこいい。」

と、みんな声《こえ》をかけてくれました。事故《じこ》のあと、「義足《ぎそく》なのに、おどれるなんてすごい」と言《い》われたことは、何度《なんど》かあります。でも、義足《ぎそく》のことにはまったくふれられずに、ただ「かっこいい」といわれたのは、初《はじ》めてでした。

ぼくは、ぼくが生《い》きていく道《みち》に、はっきりした一筋《ひとすじ》の光《ひかり》が見《み》えたように思《おも》いました。

それからぼくは、大柴《おおしば》さんの仲間《なかま》たちの練習《れんしゅう》に通《かよ》うようになりました。大柴《おおしば》さんたちは、左足《ひだりあし》の義足《ぎそく》には、まったく関係《かんけい》ないところで、いいところを発見《はっけん》してくれます。たとえば、

「大前《おおまえ》さんは、上半身《じょうはんしん》の動《うご》きがダイナミックだよね。」

などと、個性《こせい》を見《み》つけてくれるのです。

やがて、大柴《おおしば》さんたちの舞台《ぶたい》に参加《さんか》することになりました。ぼくは、義足《ぎてく》をつけてジャンプしたり、ステップをふんだりしておどりました。義足《ぎそく》はズボンでかくしていたので、見《み》ているお客《きゃく》さんのほとんどは、義足《ぎそく》だと気《き》づかなかったかもしれません。実《じっ》さい、ぼくは、左足《ひだりあし》が義足《ぎそく》だと感《かん》じさせないようにおどろうと心《こころ》がけていました。

それから数《すう》か月《げつ》がたった、ある日《ひ》のこと。ぼくは足《あし》がいたくなり、大柴《おおしば》さんたちの練習《れんしゅう》で、義足《ぎそく》をはずしておどりました。

ゆかをはい、すべり、上半身《じょうはんしん》を中心《ちゅうしん》に体《からだ》を動《うご》かします。

すると、それを見《み》ていた大柴《おおしば》さんが、こういったのです。

「大前《おおまえ》さん、そっちのほうが、かっこいいよ。」

「え？」

思《おも》いがけない言葉《ことば》に、ぼくはおどろきました。

「義足《ぎそく》がないほうが、かっこいいと思《おも》うけど。なあ、みんな、そう思《おも》うよな？」

大柴《おおしば》さんがいうと、

「うん、義足《ぎそく》がない方《ほう》が、動《うご》きが自然《しぜん》できれいだよ。」

「その動《うご》きって、今《いま》まで見《み》たことないから新《しん》せんだよね。」

と、そばにいた人《ひと》たちが、口々《くちぐち》にいいます。ぼくは、とまどいました。

（義足《ぎそく》がないと、みんなと動《うご》きを合《あ》わせられないんだけど……。それでもいいの？）

ぼくは、心《こころ》の中《なか》で、みんなにたずねていました。みんなのいっていることを、すぐには受《う》けとめられなかったのです。

第《だい》9章《しょう》

短《みじ》い足《あし》を生《い》かしておどる

（義足《ぎそく》がないほうがいいって、ほんとうかな。）

迷《まよ》いながらも、ぼくは、義足《ぎそく》をはずしての振《ふ》り付《つ》けをためすことにしました。ちょうどそのころ、大柴《おおしば》さんのダンスグループの一人《ひとり》である金刺《かねざし》わたるさんと、コンテンポラリーダンスの作品《さくひん》を作《つく》ることになっていました。

金刺《かねざし》さんは背《せ》が高《たか》いので、ぼくが義足《ぎそく》をつけずに並《なら》ぶと、かなりの身長差《しんちょうさ》になります。

（二人《ふたり》で息《いき》の合《あ》ったおどりができるのかな？）

ぼくは心配《しんぱい》でした。

金刺《かねざし》さんが、一歩《ぽ》、二歩《ほ》と、移動《いどう》します。ぼくがそれに合《あ》わせるには、片足飛《かたあしと》びか、四《よ》つんばいか、ひざ立《だ》ちで歩《ある》くかの、どれかになります。

（いちばん大《おお》きく動《うご》けるのは、ひざ立《だ》ちかも。）

そう考《かんが》えて、ぼくはひざ立《だ》ちで、すねを使《つか》って、ゆかをすべるように移動《いどう》しました。

スーッ、スーッ。

「大前《おおまえ》さん、それ、かっこいいよ。上半身《じょうはんしん》も大《おお》きく動《うご》かすと、もっといいかもね。」

金刺《かねざし》さんがいうので、移動《いどう》しながら、うでも大《おお》きく回《まわ》します。さらに次《つぎ》は、うでをゆかにつき、回転《かいてん》しながら移動《いどう》します。クルッ、クルッ。ブラジルのカポエイラという護身術由来《ごしんじゅつゆらい》のダンスを応用《おうよう》した、けりのような動《うご》きです。

「片足《かたあし》が短《みじか》いからか、体《からだ》がまとまって見《み》えて、きれいだ。」

と、金刺《かねざし》さんが意見《いけん》をくれます。

それから、新《あたら》しい動《うご》きのアイディアがどんどん出《で》てきました。

どんな振《ふ》り付《つ》けならいっしょにおどれるのか、協力《きょうりょく》してできる振《ふ》り付《つ》けはないか。金刺《かねざし》さんと動《うご》きながら、ためしました。

ひざ立《だ》ちのぼくが、立《た》った金刺《かねざし》さんに、ささえてもらっておどる表現《ひょうげん》も見《み》つけました。身長差《しんちょうさ》を利用《りよう》すると、新《あたら》しい表現《ひょうげん》ができるのです。

金刺《かねざし》わたるさんとおどった、本番《ほんばん》の舞台《ぶたい》。初《はじ》めて義足《ぎそく》をはずした。(2008年《ねん》)
©ダンス・スクエア

さらにぼくは、長《なが》い義足《ぎそく》をはずしておどると、おどろくほど動《うご》きやすいことに気《き》づきました。自然《しぜん》になめらかに、自分《じぶん》の体《からだ》を動《うご》かせたのです。

そんなことがあって間《ま》もなく、ぼくは、イタリア出身《しゅっしん》のダンサーで振《ふ》り付《つ》け家《か》でもある、アレッシオ・シルヴェストリンさんから、新《あたら》しい作品《さくひん》づくりにさそわれました。ぼくは、アレッシオさんのバレエレッスンに行《い》ったことがあり、そのとき、ぼくのおどりに、きょうみをもってくれたのだそうです。

アレッシオさんは、ダンス界《かい》では世《せ》

界的《かいてき》に名《な》の知《し》れた人物《じんぶつ》です。

声《こえ》をかけられただけでもうれしいのに、舞台《ぶたい》のテーマも魅力的《みりょくてき》でした。東京《とうきょう》・渋谷《しぶや》の能楽堂《のうがくどう》で、能《のう》とコンテンポラリーダンスを組《く》みあわせる舞台《ぶたい》だったのです。

「義足《ぎそく》をはずした振《ふ》り付《つ》けにしよう。」

そういったのは、アレッシオさんでした。

「はい、やってみます。」

ダンスの仲間以外《なかまいがい》にも、片足《かたあし》が短《みじか》いことを生《い》かしたおどりに興味《きょうみ》をもってくれる人《ひと》がいる！

ぼくはおどろきとうれしさと、希望《きぼう》を感《かん》じました。

練習《れんしゅう》を進《すす》めるうち、アレッシオさんから、ある提案《ていあん》がありました。

「細長《ほそなが》い竹《たけ》のつえを使《つか》ってみよう。」

というのです。

能舞台《のうぶたい》は、橋《はし》がかりという長《なが》いろう下《か》と舞台《ぶたい》がセットになっています。橋《はし》がかりから舞台《ぶたい》への登場《とうじょう》の仕方《しかた》はとても大事《だいじ》です。つえを使《つか》って体重《たいじゅう》をささえると、片足《かたあし》で大《おお》きく動《うご》けます。そうすることで、印象的《いんしょうてき》な登場《とうじょう》の場面《ばめん》がつくれるというのでした。

　さらに、つえを回《まわ》したり、ゆかに打《う》ちつけたりと、アレッシオさんは、どんどん新《あたら》しくて魅力的《みりょくてき》な振《ふ》り付《つ》けをつくっていきました。

　舞台《ぶたい》の本番《ほんばん》は、成功《せいこう》でした。観客《かんきゃく》も多《おお》く、ぼくはプロダンサーとして、初《はじ》めて雑誌《ざっし》にもとりあげられました。

「コンテンポラリー界《かい》にとつじょ現《あらわ》れ

能舞台《のうぶたい》の本番《ほんばん》、つえを使《つか》って表現《ひょうげん》をする。(2009年《ねん》)

セルリアンタワー能楽堂　伝統と創造シリーズ vol.2
『KAKEKOTOBA』振付・音楽：アレッシオ・シルヴェストリン

たすい星《せい》」と書《か》いてくれた雑誌《ざっし》もありました。

何《なに》よりも大《おお》きなしゅうかくは、舞台《ぶたい》を通《とお》して、片足《かたあし》の短《みじか》さを生《い》かすと表現《ひょうげん》の可《か》能性《のうせい》が大《おお》きく広《ひろ》がると、気《き》づけたことでした。

短《みじか》い左足《ひだりあし》を生《い》かしたダンスを、きわめよう！

そう決意《けつい》したぼくは、短《みじか》い足《あし》を生《い》かす専用《せんよう》の義足《ぎそく》を、義肢装具士《ぎしそうぐし》さんに作《つく》ってもらうことにしました。以前《いぜん》、ぼうに近《ちか》い形《かたち》の義足《ぎそく》を作《つく》ってくれた佐熊《さくま》さんではない、新《あたら》しい担当《たんとう》です。

「できるだけ短《みじか》い義足《ぎそく》を作《つく》ってもらえませんか。」

ぼくがそうお願《ねが》いすると、義肢装具士《ぎしそうぐし》さんは、

「え、短《みじか》い義足《ぎそく》!?」

と、とてもおどろいた顔《かお》をしました。左右《さゆう》の足《あし》の長《なが》さをそろえない依頼《いらい》は、初《はじ》めてだったようです。

義肢装具士《ぎしそうぐし》さんと何度《なんど》も話《はな》しあい、しばらくしてできあがったのは、左足《ひだりあし》の先《さき》を保護《ほご》する、おわんのような形《かたち》の義足《ぎそく》でした。*ソケット部分《ぶぶん》をはぶくと、長《なが》さは十センチメートルほどです。足先《あしさき》を守《まも》ってくれるので、短《みじか》い左《ひだり》足《あし》をふみきりの足《あし》にしたり、じく足《あし》にしたりできます。右足《みぎあし》でふみきって大《おお》きなジャンプをして、短《みじか》い左足《ひだりあし》で着地《ちゃくち》することもできます。

動《うご》きのはばが、大《おお》きく広《ひろ》がったのです。

それから、大柴《おおしば》さんや金刺《かねざし》さんとつくる舞《ぶ》台《たい》や作品《さくひん》には、おわん型《がた》の義足《ぎそく》で参加《さんか》することがふえていきました。

そんな舞台《ぶたい》を、舞踊家《ぶようか》の佐藤典子先生《さとうのりこせんせい》が、

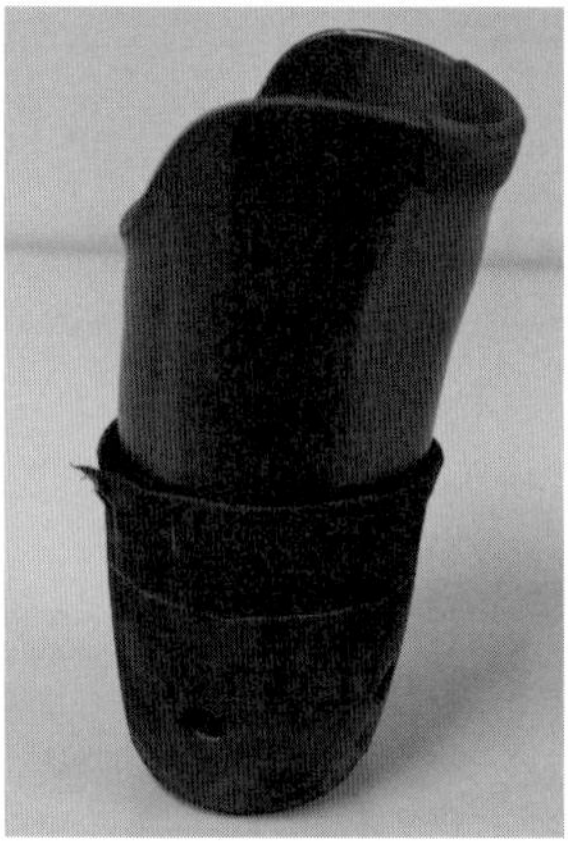

おどりやすく工夫《くふう》して作《つく》ってもらった、おわん型《がた》の義足《ぎそく》。
切《き》りかえの上《うえ》の部分《ぶぶん》は、ソケット。

たまたま見《み》てくれていました。そして、
「あなた、ずっとおどりを続《つづ》けていたのね。」
と、声《こえ》をかけてくれたのです。静岡県《しずおかけん》で舞踊団《ぶようだん》をひきいる佐藤先生《さとうせんせい》は、十年《ねん》ほど前《まえ》、事故後退院《じこごたいいん》してまもなくのぼくを、舞台《ぶたい》で見《み》たのだそうです。

さらに佐藤先生《さとうせんせい》は、こんなうれしい依頼《いらい》をしてくれました。

「大前《おおまえ》さん、今度《こんど》のわたしたちの舞台《ぶたい》で、主役《しゅやく》としておどってほしいの。」

作品《さくひん》は、『カナリア』という新作《しんさく》でした。片足《かたあし》の小鳥《ことり》が、運命《うんめい》の波《なみ》にもまれながら、母親《ははおや》の愛《あい》を受《う》けてひとり立《だ》ちしていく物語《ものがたり》を、ダンスで表現《ひょうげん》します。

「ありがとうございます！」

ぼくは、よろこんで引《ひ》きうけました。

振《ふ》り付《つ》けも、まかされました。ぼくは、今《いま》、自分《じぶん》ができる最高《さいこう》のダンスをしようと、身体能力《しんたいのうりょく》とテクニックを目《め》いっぱい使《つか》った振《ふ》り付《つ》けにしました。

ところが、けいこを見《み》に来《き》た佐藤先生《さとうせんせい》にいわれたのです。

＊ソケット…義足《ぎそく》と、体《からだ》の足《あし》をつなげる部分《ぶぶん》。足《あし》の切断部《せつだんぶ》をつつみこみ、体重《たいじゅう》をささえ、義足《ぎそく》に動《うご》かす力《ちから》を伝《つた》える。（70ページ参照《さんしょう》）

「そんなにがんばっておどらなくていいの。あなたにしかできないダンスを見《み》せて。あなたは、あなたらしくおどればいい。」

その言葉《ことば》を聞《き》いて、ぼくは世界《せかい》が、ひっくりかえったような気持《きも》ちがしました。

事故《じこ》の前《まえ》も、事故《じこ》にあったあとも、ぼくは今《いま》までずっと、うまくおどろう、人《ひと》よりすごい技《わざ》を見《み》せようと思《おも》ってきました。でも、佐藤先生《さとうせんせい》に、自分《じぶん》をよく見《み》せようとしなくていい、と言《い》われたのです。

（そうか……、舞台《ぶたい》で大切《たいせつ》なことは、お客《きゃく》さんたちに何《なに》を伝《つた》えるか。今回《こんかい》の舞台《ぶたい》では、すごい技《わざ》をたくさん見《み》せるんじゃなくて、自分《じぶん》らしい表現《ひょうげん》でお客《きゃく》さんに物《もの》語《がたり》を伝《つた》えることが重要《じゅうよう》なんだ。）

かんたんなようで、すごく大切《たいせつ》なことを、ぼくはようやく知《し》ったのでした。

（……自分《じぶん》にしかできない、自分《じぶん》らしいダンス。それって、いったい何《なん》だろう。）

考《かんが》えながら、ぼくは、振《ふ》り付《つ》けを大《おお》きく変《か》えていきました。

ぼくのダンスの技《わざ》を見《み》せるのではなく、カナリアの心《こころ》を表現《ひょうげん》し、見《み》せる振《ふ》り付《つ》けです。大《おお》きな技《わざ》やダンスのテクニックは必要《ひつよう》ありません。ときには、もがいたり転《ころ》がったり、気持《きも》ちや成長《せいちょう》を表現《ひょうげん》する動《うご》きを入《い》れていきます。

最後《さいご》の場面《ばめん》も、ぼくは、片足《かたあし》でしっかりと立《た》ちあがるだけの、シンプルな振《ふ》り付《つ》けにしました。

「強《つよ》く生《い》きていく！」

カナリアの意志《いし》を、わかりやすく表《あらわ》そうと思《おも》ったのです。

『カナリア』の舞台《ぶたい》は、大成功《だいせいこう》でした。佐藤先生《さとうせんせい》も、よろこんでく

『カナリア』の本番《ほんばん》の舞台《ぶたい》。(2012年《ねん》)

れました。
公演《こうえん》の最終日《さいしゅうび》、舞台《ぶたい》が終《お》わり、幕《まく》が下《さ》がっていくのを見《み》ながら、ぼくは、カナリアの母親《ははおや》に、先生方《せんせいがた》、仲間《なかま》たち、両親《りょうしん》を重《かさ》ねあわせていました。みんな、ぼくをたくさんの愛情《あいじょう》、友情《ゆうじょう》で包《つつ》んできてくれました。みんながいなかったら、ぼくはこうしてダンスを続《つづ》けていられなかったし、舞台《ぶたい》にも立《た》てていなかった……。ぼくは、感謝《かんしゃ》の気持《きも》ちで、むねがいっぱいでした。

舞台《ぶたい》の活動《かつどう》とは別《べつ》に、ぼくは、この

小学校《しょうがっこう》で、体《からだ》を動《うご》かしながら特別授業《とくべつじゅぎょう》を行《おこな》う。(2010年《ねん》)

ころから少《すこ》しずつ始《はじ》めたことがありました。

小学校《しょうがっこう》や中学校《ちゅうがっこう》へ行《い》って、特別授業《とくべつじゅぎょう》やお話《はなし》をする活動《かつどう》です。

話《はな》すのは、「自分《じぶん》のとくいなことや、特《とく》ちょうを見《み》つけよう」、「みんなと同《おな》じ土俵《どひょう》で、自分《じぶん》をくらべる必要《ひつよう》はないよ」という内容《ないよう》です。ぼくの特《とく》ちょうとして、体《からだ》の動《うご》きも見《み》せながら話《はな》します。

「自分《じぶん》らしく生《い》きる」ということに気《き》づいたぼくが、みなさんに伝《つた》えられることってないかな、少《すこ》しでも役立《やくだ》てないかな。そんな気持《きも》ちが強《つよ》くなっていたのでした。

コラム3

義肢装具士《ぎしそうぐし》　出口《でぐち》さんにきいた!

おどるための義足《ぎそく》って、どんな工夫《くふう》があるの?

大前《おおまえ》さんがおどるときに使う義足《ぎそく》には、どんな工夫《くふう》があるのでしょう。現在《げんざい》、大前《おおまえ》さんの義足《ぎそく》を作《つく》っている出口《でぐち》さんに教《おし》えてもらいました。義足《ぎそく》によって、工夫《くふう》もちがうようです。

出口雄介《でぐちゆうすけ》さん…長年《ながねん》、鉄道弘済会《てつどうこうさいかい》義肢装具《ぎしそうぐ》サポートセンターに所属《しょぞく》。
臼井二美男《うすいふみお》さんのもとで、日常用《にちじょうよう》からスポーツ用《よう》まで、たくさんの義足《ぎそく》を製作《せいさく》。

すべりやすくしている おわん型義足《がたぎそく》

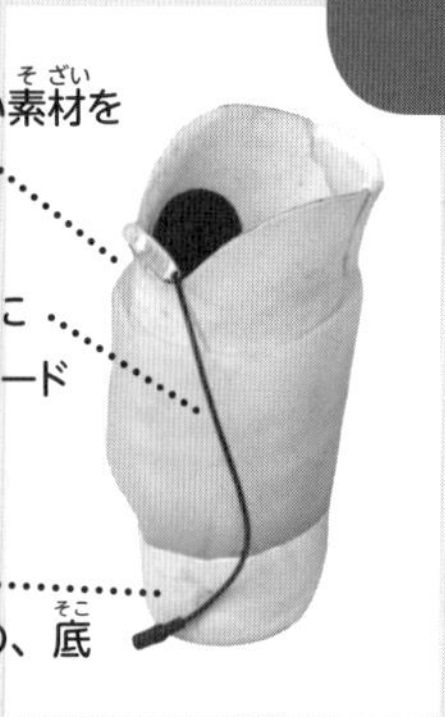

「この義足《ぎそく》の底《そこ》は、なめらかにすべっておどれるよう、すべり止《ど》めを付《つ》けていません。また、しょうげきを吸収《きゅうしゅう》する素材《そざい》です。一方《いっぽう》、上部《じょうぶ》の側面《そくめん》は、さまざまな動《うご》きや、しょうげきにたえられるよう、やわらかくわれない素材《そざい》です。さらに自由《じゆう》に動《うご》けるよう、軽《かる》くしています。左《ひだり》の写真《しゃしん》の義足《ぎそく》のようにLED《エルイーディー》ライトつきの場合《ばあい》、バッテリーは外《そと》づけにし、重《おも》くならないようにしています。」

すべり止《ど》めをつけている ぼう型義足《がたぎそく》

「このタイプは、義足《ぎそく》を付《つ》けたほうの片足《かたあし》で立《た》って、バランスをとることも多《おお》いので、底《そこ》はすべりにくくしています。
　また、高《たか》く飛《と》んで着地《ちゃくち》したときや、はげしい動《うご》きをしたとき、しょうげきをにがせるよう、ぼうの一部《いちぶ》に特別《とくべつ》な部品《ぶひん》を使《つか》っています。陸上選手《りくじょうせんしゅ》など、アスリートの義足《ぎそく》にも使《つか》う部品《ぶひん》です。」

※この写真《しゃしん》の義足《ぎそく》は、川村義肢《かわむらぎし》さんで制作《せいさく》し、点検《てんけん》、修理《しゅうり》を出口《でぐち》さんが行《おこな》っているものです。

大前《おおまえ》さんより一言《ひとこと》

義肢装具士《ぎしそうぐし》さんにいろいろ工夫《くふう》してもらっているおかげで、ぼくらしいダンス表現《ひょうげん》もできるし、安全《あんぜん》に快適《かいてき》におどれるんだ。

第《だい》10章《しょう》

さらなる挑戦《ちょうせん》

二〇一二年《ねん》に『カナリア』の作品《さくひん》をおどったあと、舞台《ぶたい》の仕事《しごと》がふえました。それまでは、生活《せいかつ》のためにダンス以外《いがい》の仕事《しごと》をしていましたが、ダンスだけで、どうにか生活《せいかつ》していけるようになりました。

三十四歳《さい》、ここから、また新《あたら》しいスタートという気持《きも》ちでした。

おわん型《がた》義足《ぎそく》はあいかわらず大活《だいかつ》やくでしたが、仕事《しごと》に合《あ》わせて、つける義足《ぎそく》をかえるようになりました。

すると、「さまざまな表現《ひょうげん》ができるダンサー」として、全国各地《ぜんこくかくち》の舞台《ぶたい》によばれるようにもなったのです。

ちょうどこのころ、父《ちち》が病気《びょうき》で亡《な》くなりました。

事故《じこ》のあと、ぼくをはげまし、遠《とお》くから見守《みまも》ってくれた父《ちち》――。

「光市《こういち》、ダンスは続《つづ》けていけるんか?」

「うん、だいじょうぶだよ。」

「よかった、しっかりやれよ。よかった。」

病室《びょうしつ》で、最期《さいご》にそんな会話《かいわ》を交《か》わしたときの父《ちち》は、とてもおだやかで安心《あんしん》したようすでした。

事故《じこ》のあと、父《ちち》はぼくにダンスをやめろとか、ほかの仕事《しごと》につけとか、いっさい、いいませんでした。

「入院《にゅういん》する前《まえ》の日《ひ》まで、仕事《しごと》の現場《げんば》に行《い》っていたのよ。」

父《ちち》が亡《な》くなったあと、母《はは》がそう教《おし》えてくれました。

（お父《とう》さんは、いつも仕事《しごと》に一直線《いっちょくせん》だったね。ぼくもこうしてダンスを続《つづ》けていられるのは、お父《とう》さんの息子《むすこ》だからなのかもしれないね。ダンスをやめないでよかったよ。これからも続《つづ》けるよ。）

ぼくは心《こころ》の中《なか》でお父《とう》さんに話《はな》しかけました。

ぼくは、自分《じぶん》にしかできないダンスを作《つく》りあげるため、さらなる挑戦《ちょうせん》を始《はじ》めました。

その一《ひと》つがアクロバットです。ダンスの表《ひょう》現《げん》に、バク転《てん》を取《と》りいれてみようと思《おも》ったのです。後方《こうほう》に手《て》をついて一回転《かいてん》するのが、バク転《てん》です。バク転《てん》をダンスに取《と》りいれるというのは、あまり聞《き》いたことがありませんでしたが、だからこそ挑戦《ちょうせん》してみたいと考《かんが》えたのです。

アクロバット教室《きょうしつ》に通《かよ》い、バク転《てん》ができるようになるまでに一年《ねん》以上《いじょう》かかりましたが、その間《あいだ》に、側転《そくてん》や*1ロンダードなど、ダンスにも応用《おうよう》できる体《たい》そうの技《わざ》をたくさん学《まな》べました。そうしているうちに、バク転《てん》を習得《しゅうとく》する

片足《かたあし》でバランスをとることが、とくいになってきたころ。
アルファクトの舞台《ぶたい》で。(2015年《ねん》)

だけでなく、大《おお》きな効果《こうか》がありました。練習《れんしゅう》やトレーニングを積《つ》むことで、いつのまにか、体《からだ》を自由《じゆう》にコントロールして動《うご》かせるようになっていたのです。

いちばんのびたのは、*2体幹《たいかん》の力《ちから》。片足《かたあし》が短《みじか》くなってから、重心《じゅうしん》がどうしてもとりにくくなっていました。でも、アクロバットのトレーニングによって、片足《かたあし》で何分《なんぷん》も立《た》ちつづけられるほどの体幹力《たいかんりょく》が身《み》についたのです。

そうして、少《すこ》しずつ前進《ぜんしん》していたころ、ある作品《さくひん》の練習《れんしゅう》が始《はじ》まりました。

振《ふ》り付《つ》けをしてくれるのは、マイレン・トレウバエフさん。

新国立劇場《しんこくりつげきじょう》バレエ団《だん》という、日本を代表《だいひょう》するバレエ団《だん》で活《かつ》やくする、トップダンサーでもあります。

作品《さくひん》は、『スワン』。悪《あく》と正義《せいぎ》がテーマで、バレエにコンテンポラリーダンスの要素《ようそ》を取《と》りいれた振《ふ》り付《つ》けです。ぼくが演《えん》じるのは、苦《くる》しみながらも、自分《じぶん》なりの生《い》き方《かた》を見《み》つけていく、黒鳥《こくちょう》でした。

＊1ロンダード…側転《そくてん》で入《はい》ってから四分《ぶん》の一体《からだ》をひねり、後《うし》ろ向《む》きに着地《ちゃくち》する、体《たい》そう競技《きょうぎ》の技《わざ》。＊2体幹《たいかん》…おもに、どう体《たい》にある筋肉《きんにく》のこと。インナーマッスル。

「足《あし》の一部《いちぶ》を失《うしな》い、心《こころ》がゆれうごいた時期《じき》がありながらも、おどりをやめなかった大前《おおまえ》さんにこそ、おどってほしい。」

そういって、つくってくれたマイレンさんの振《ふ》り付《つ》けは、むずかしいものでした。でもたいへん美《うつく》しく、ぼくはすてきなプレゼントのように受《う》けとりました。

マイレンさんは、信《しん》じているよ、とでもいうように、ぼくの目《め》をじっと見《み》つめて、こうもいいました。

「振《ふ》り付《つ》けは白《しろ》いキャンバスにかいた、無色《むしょく》のスケッチだ。そこにダンサーたちが、そのダンサーらしい色《いろ》をつけてほしい。大前《おおまえ》さんは、みごとな色《いろ》をつけてくれるダンサーだと思《おも》っているよ。」

こちらもプレゼントのようにすてきな言葉《ことば》でしたが、マイレンさんからぼくへの宿題《しゅくだい》でもありました。

（振《ふ》り付《つ》けの美《うつく》しさを生《い》かし、マイレンさんが伝《つた》えたいことを、ぼくらしくおどるには、どうしたらいいだろう。）

タリン国際《こくさい》バレエコンクールで、ほかの出演者《しゅつえんしゃ》と。（2016年《ねん》）

考《かん》えたぼくは、まず、今回《こんかい》の振《ふ》り付《つ》けをいちばん美《うつく》しくおどれそうな、長《なが》い、ぼう型《がた》の義足《ぎそく》を選《えら》びました。そして、美《うつく》しさの中《なか》に、ぼくの父《ちち》の力強《ちからづよ》さを表現《ひょうげん》しようと思《おも》いついたのです。

（父《とう》さんのたくましさを、取《と》りいれてみよう。きっと、ぼくだからおどれるスワンになるはず。）

やがて、本番《ほんばん》をむかえ、『スワン』は、国《こく》内《ない》のコンクールで賞《しょう》をもらいました。

さらに、エストニア共和国《きょうわこく》で開《ひら》かれるタリン国際《こくさい》バレエコンクールでも、ゲストとしておどることになりました。タリンの歴史《れきし》ある舞台《ぶたい》で、「ブラボー！」というかん声《せい》や、はく手《しゅ》かっさいにつつまれる中《なか》、ぼくは、自身《じしん》の表現《ひょうげん》をつきつめていくという夢《ゆめ》を、あらためてかみしめたのでした。

ぼくがおどるようすを
動画《どうが》で見《み》てみてね!

『Log in《ログ イン》』アルファクトの作品《さくひん》（2015年《ねん》）
https://youtu.be/PZhqOuHYGPs

『SWAN《スワン》』（2016年《ねん》）
https://youtu.be/zKN3cgJh7bQ

※動画《どうが》のURLは、2020年《ねん》3月現在《がつげんざい》のものです。
動画《どうが》の削除《さくじょ》や、再生環境《さいせいかんきょう》などで、閲覧《えつらん》できない場合《ばあい》もあります。
ご了承《りょうしょう》ください。

第《だい》11章《しょう》

おどることで伝《つた》える

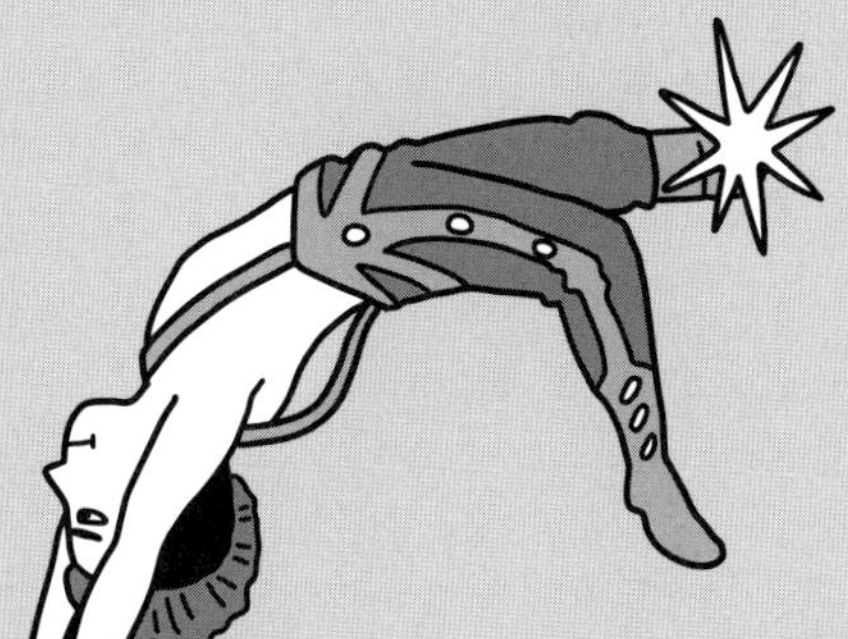

そして、二〇一六年《ねん》九月《がつ》、リオデジャネイロのパラリンピックの閉会式《へいかいしき》の舞台《ぶたい》で、おどることになったのです。自分《じぶん》の中《なか》でのダンスのテーマは、「壁《かべ》、かっとう、希望《きぼう》」*でした。つらいことや苦《くる》しみがあっても、そのかべを乗《の》りこえていく希望《きぼう》があることを、ダンスで表現《ひょうげん》するのです。義足《ぎそく》モデルとして活動《かつどう》しているＧＩＭＩＣＯ《ギミコ》さんや、車《くるま》いすを使《つか》っておどるダンサーたちとの共演《きょうえん》です。振《ふ》り付《つ》け者《しゃ》もいますが、ソロという一人《ひとり》でおどる部分《ぶぶん》は、自分《じぶん》で振《ふ》り付《つ》けを考《かんが》えます。世界《せかい》の人《ひと》たちに向《む》け、テーマを自分《じぶん》の色《いろ》で表現《ひょうげん》しようと、ぼくは三回《かい》の連続《れんぞく》バク転《てん》を取《と》りいれることにしました。

といっても、そのときのぼくは、一回《かい》のバク転《てん》しかできませんでした。それから特訓《とっくん》が始《はじ》まりました。不安《ふあん》とあせり……。でも、東京《とうきょう》パラリンピックに向《む》けて、世界《せかい》が注目《ちゅうもく》する舞台《ぶたい》、ぼくはどうしてもやりとげたかったのです。

一方《いっぽう》で、義足《ぎそく》については、技術演出《ぎじゅつえんしゅつ》を担当《たんとう》する真鍋大度《まなべだいと》さんから、

「光《ひか》らせよう。」

というアイディアが出《で》ました。

さっそく、義肢装具士《ぎしそうぐし》さんと相談《そうだん》し、おわん型義足《がたぎそく》にLED《エルイーディー》を取《と》りつけました。

ところが、おどっている最中《さいちゅう》に接《せっ》しょくがわるくなって、ライトがつかなくなったり、バッテリーが重《おも》くてうまくおどれなくなったりしました。それでバッテリーの数《かず》を減《へ》らし、おどっている最中《さいちゅう》に必要《ひつよう》になったら、自分《じぶん》でバッテリーを付《つ》けかえることにしました。

一か月後《げつご》、日本から見《み》て地球《ちきゅう》のうら側《がわ》に当《あ》たる、ブラジルのリオデジャネイロへ、ぼくは向《む》かいました。

会場《かいじょう》は、マラカナン・スタジアムといって、八万人《まんにん》が入《はい》る、世界最大《せかいさいだい》クラスの競技場《きょうぎじょう》です。バスをおりると、ゴォー……と地鳴《じな》りのような音《おと》が聞《き》こえてきました。観客《かんきゃく》たちの声《こえ》でした。たいへんな数《かず》と熱気《ねっき》です。

午後《ごご》六時《じ》、閉会式《へいかいしき》が始《はじ》まりました。

出番《でばん》をひかえ、ぼくたちダンサーたちは、振《ふ》り付《つ》けの最終確認《さいしゅうかくにん》をしたり、ウォー

*かっとう…心《こころ》の中《なか》に、いろいろな思《おも》いがあり、どれをとるか、まよい、なやむこと。

ミングアップをしたりしました。本番《ほんばん》で体《からだ》がよく動《うご》くよう、筋肉《きんにく》を温《あたた》めるためです。少《すこ》しずつ集中力《しゅうちゅうりょく》も高《たか》まっていきます。

ぼくはノートを取《と》りだしました。閉会式《へいかいしき》のダンスに向《む》けた練習《れんしゅう》のときに、注意《ちゅうい》することなどを記《しる》したノートです。そのノートを見《み》ながら、ぼくは最後《さいご》のイメージトレーニングを始《はじ》めました。本番《ほんばん》を想像《そうぞう》しながら、頭《あたま》の中《なか》でおどるのです。

「そろそろ準備《じゅんび》をお願《ねが》いします。」

係《かかり》の人《ひと》が来《き》ました。ひかえ室《しつ》を出《で》て、長《なが》いろう下《か》を歩《ある》きます。だんだんと、かん声《せい》が大《おお》きくなります。いよいよ出番《でばん》、舞台《ぶたい》に出《で》ます。

「ウォ――――!!」

ものすごいかん声《せい》で、空気《くうき》までもがゆれているようでした。

舞台《ぶたい》は観客《かんきゃく》から見《み》えないように、照明《しょうめい》が消《け》されていました。まるで深海《しんかい》にのみこまれてしまうような気《き》がしました。暗《くら》やみと、八万人《まんにん》もの観客《かんきゃく》で、息《いき》もできないほどのあっぱく感《かん》だったのです。

待機場所《たいきばしょ》へ着《つ》いたとき、上《うえ》から水《みず》がぽつりと落《お》ちてきました。

（うわ、雨《あめ》だ！　こんなときに……。）

雨《あめ》がひどくなれば、ゆかがぬれて、すべってしまいます。温《あたた》まった体《からだ》も、だんだんと冷《ひ》えてきました。

不安《ふあん》におしつぶされそうでした。

（お父《とう》さん、お母《かあ》さん、先生方《せんせいがた》、仲間《なかま》のみんな、ぼくに力《ちから》を貸《か》してください！）

スタッフが身《み》ぶりで合図《あいず》をくれました。出演者《しゅつえんしゃ》は、持《も》ち場《ば》につきます。

（がんばろう！）

みんなで、あく手《しゅ》を交《か》わします。

舞台《ぶたい》は、ぬれています。でも幸《さいわ》い、雨《あめ》は小《こ》ぶりのままです。あとは、すべらないようにいのるだけ。

まもなく音楽《おんがく》が聞《き》こえてきました。始《はじ》まりです。GIMICO《ギミコ》さんたちが、はなやかにおどります。その間《あいだ》、ぼくは照明《しょうめい》の当《あ》たらない暗《くら》い場所《ばしょ》で、ねそべってスタンバイします。

「コーイチ・オーマエ！」

と、スポットライトがぼくに当《あ》たりました。いつのまにか、かん声《せい》が止《や》んで、会場《かいじょう》は静《しず》まりかえっていました。

音楽《おんがく》が変《か》わります。低《ひく》いベース音《おん》が特《とく》ちょうの曲《きょく》です。リズムに合《あ》わせて、短《みじか》い左足《ひだりあし》を上《あ》げます。おわん型義足《がたぎそく》につけた、ＬＥＤ《エルイーディー》ライトが光《ひか》ります。

ねそべった状態《じょうたい》から、いきおいよく立《た》ちあがります。一歩《ぽ》、二歩《ほ》と力強《ちからづよ》くステップ。

天高《てんたか》くのばした手《て》を、自分《じぶん》のむねにかかえます。苦《くる》しい表情《ひょうじょう》。何《なに》かに挑戦《ちょうせん》することは、

リオパラリンピック閉会式《へいかいしき》で、８万人《まんにん》の前《まえ》でおどる。
希望《きぼう》と挑戦《ちょうせん》を表現《ひょうげん》。（2016年《ねん》）
Photo by The Asahi Shimbun/Getty Images

つらいこともある。その表現《ひょうげん》です。

やがて、大《おお》きなかべにぶちあたる場面《ばめん》。大《おお》きく転《ころ》んで、でも勢《いきお》いよく立《た》ちあがります。次《つぎ》はいよいよ、連続《れんぞく》バク転《てん》です。

（行《い》け――‼）

右足《みぎあし》にありったけの力《ちから》をこめて、ジャンプ！

ぼくの両手《りょうて》が、雨《あめ》でぬれたゆかをとらえます。

おしかえして、回《まわ》る。すぐに次《つぎ》のジャンプ。一回転《かいてん》、二回転《かいてん》、三回転《かいてん》……。

自分《じぶん》の体《からだ》が、車輪《しゃりん》のように後《うし》ろに進《すす》んで……四回転《かいてん》！

予定《よてい》の三回転《かいてん》をこえて、四回転《かいてん》です！　大成功《だいせいこう》です！

「ワ――‼」

かん声《せい》が起《お》こりました。

いよいよ最後《さいご》のポーズです。しっかりと真正面《ましょうめん》を向《む》き、片足《かたあし》でしっかりと立《た》ち、空《そら》を見上《みあ》げました。

（ぼくのおどりで、世界中《せかいじゅう》の人《ひと》たちに〝希望《きぼう》〟がとどきますように。）
そう強《つよ》く願《ねが》いながら。

第《だい》12章《しょう》

だれにだって、
よさがある

リオデジャネイロの舞台《ぶたい》で、ぼくは障害《しょうがい》のあるダンサーたちとの、さまざまな出会《であ》いがありました。

とくに仲《なか》よくなったのは、かんばらけんたさん。システムエンジニアとしても、ダンサー、パフォーマーとしても活《かつ》やくしていて、明《あか》るくほがらかな人《ひと》です。かんばらさんは、生《う》まれつき下半身《かはんしん》が不自由《ふじゆう》で、移動《いどう》するときは車《くるま》いすに乗《の》ります。アクロバティックな動《うご》きがとくいで、車《くるま》いすの上《うえ》で、逆立《さかだ》ちも楽々《らくらく》できます。

そのあまりのかっこよさに、ぼくも、もっともっと、自分《じぶん》のダンスの質《しつ》を高《たか》めようと思《おも》うのでした。

また、リオデジャネイロの舞台《ぶたい》のあと、海外《かいがい》でおどる機会《きかい》もふえました。

二〇一八年《ねん》、アメリカのラスベガスに行《い》ったときのことです。

ラスベガスは、世界有数《せかいゆうすう》のショービジネスの町《まち》です。ぼくは、自分《じぶん》が出《で》る舞台《ぶたい》以外《いがい》のショーにもたくさん行《い》き、見《み》てまわりました。

きたえぬかれた一流《いちりゅう》のダンサーたちが、たくさんいました。その中《なか》には低身長《ていしんちょう》

東京《とうきょう》パラリンピックに向《む》けたイベントに参加《さんか》。かんばらけんたさん（右《みぎ》はし）や、アーティストのAI《アイ》さん（左《ひだり》から2番目《ばんめ》）たちと。（2016年《ねん》）

かんばらけんたさんと共演《きょうえん》。おたがいの体《からだ》をいかした表現《ひょうげん》をする。（2017年《ねん》）

写真提供／NPO法人スローレーベル

症《しょう》でたいへん小柄《こがら》なダンサーや、義足《ぎそく》をつけたダンサーが当《あ》たり前《まえ》のようにいて、はく手《しゅ》かっさいをあびながら、活《かっ》やくしていました。かわいそうだからではなく、個性《こせい》がすばらしいから、かっこいいからはく手《しゅ》をあびていたのです。

中《なか》でも、ジャン・ソックさんという、ブレイクダンスのダンサーのおどりは、ほんとうにみごとなものでした。彼《かれ》は、義足《ぎそく》をつけず、ブレイクダンスをおどります。その動《うご》きは、切《き》れ味《あじ》ばつぐんで、たいへん美《うつく》しいのです。そして、彼《かれ》のおどりを見《み》た人々《ひとびと》は、みな、かん声《せい》を上《あ》げるのです。

日本では、まだまだ、めずらしい光景《こうけい》だと思《おも》いました。

（日本でも、障害《しょうがい》がある人《ひと》、個性《こせい》がある人《ひと》の特《とく》ちょうが、魅力《みりょく》としてかがやくようになったらいいな。そんな舞台《ぶたい》を、日本でできたらな。）

ぼくは、そんなことを考《かんが》えるようになり、かんばらさんや、ほかの障害者《しょうがいしゃ》ダンサーたちといっしょに、舞台《ぶたい》をつくるようになりました。

ダンサーたちそれぞれの個性《こせい》を生《い》かして、だれにもまねできない作品《さくひん》にしよう、障害者《しょうがいしゃ》に対《たい》する考《かんが》え方《かた》や意識《いしき》を変《か》えていこうという舞台《ぶたい》です。

「まず、自分自身《じぶんじしん》を受《う》けいれて。何《なに》か変化《へんか》があったら、それも受《う》けいれて。すべてが強《つよ》みにもなる。」

そういうメッセージを、見《み》に来《き》たお客《きゃく》さんに伝《つた》えられたらいいなと思《おも》っています。

そのためにも、ぼくは、この先《さき》、どんなことが起《お》きようと、片足《かたあし》が短《みじか》いダンサーとして、ずっとおどりつづけたいと思《おも》っています。

そして、見《み》る人《ひと》の心《こころ》に、小《ちい》さくでも、自信《じしん》と勇気《ゆうき》の種《たね》をまいていきたいと思《おも》っています。

ぼくはかつて、金森《かなもり》さんのダンスカンパニーのオーディションに何度《なんど》も落《お》ちました。でもぼくはその後《ご》、こうして、プロのダンサーになることができました。

同《おな》じダンスの世界《せかい》にいるので、金森《かなもり》さんとは、顔《かお》を合《あ》わせる機会《きかい》がよくありま

す。会話《かいわ》もありますが、おたがい、昔《むかし》の話《はなし》をすることはありません。でもぼくは、金森《かなもり》さんに心《こころ》から感謝《かんしゃ》しています。

最後《さいご》のオーディションに落《お》ちたとき——。

「ここにこだわらずに、きみのダンスをさがしたほうがいいよ。」

金森《かなもり》さんは、あのとき、もがいていたぼくにそういうことを伝《つた》えたかったのかな、と思《おも》うのです。

だれにだって、よさがあり、かがやける場所《ばしょ》があるのです。

エピローグ

交通事故《こうつうじこ》から、二十年近《ねんちか》くたって、ぼくは、ようやくわかったことがあります。それは、「変化《へんか》は、進化《しんか》」という考《かんが》え方《かた》です。ぼくの場合《ばあい》、足《あし》を切《き》るという変化《へんか》は、挑戦《ちょうせん》し、進化《しんか》するきっかけになったのです。

人生《じんせい》には、楽《たの》しいこともあるけれど、つらいこともあります。親友《しんゆう》とよべる人《ひと》に出会《であ》えることもあれば、苦手《にがて》な人《ひと》と出会《であ》うこともあります。そういったことすべて、自分《じぶん》しだいで、自分《じぶん》が成長《せいちょう》するチャンスになるのだと思《おも》います。

けっして、きようではないぼくですが、だからこそ進化《しんか》のため、今《いま》も、いろいろなことに挑戦《ちょうせん》しています。

二〇一八年《ねん》、ラスベガスでブレイクダンスのショーにしげきを受《う》けてからは、ぼくもブレイクダンスを始《はじ》めました。とくにきわめたいのが、ブレイクダンスの

ブレイクダンスのスレッド。短《みじか》い足《あし》を生《い》かす。(2019年《ねん》)

技《わざ》の一《ひと》つである、スレッドです。うでなどで輪《わ》を作《つく》り、その輪《わ》に体《からだ》を通《とお》す技《わざ》です。

さらにスワン宙《ちゅう》という、体《からだ》をのばしてバク宙《ちゅう》をする器械体《きかいたい》そうの技《わざ》、日本舞踊《ぶよう》。人間《にんげん》の体《からだ》がどういう仕組《しく》みで動《うご》くのか学《まな》ぶために、かいぼう学《がく》の勉強《べんきょう》もしています。

どれもむずかしいけれど、できるようになれば、おどりの表現《ひょうげん》のはばが広《ひろ》がるはずです。そうしてまた一歩《ぽ》、夢《ゆめ》を進化《しんか》させられるのです。

そして、何《なに》が起《お》こっても、みんな、

一人《ひとり》じゃないということ。進化《しんか》するとき、きっと、まわりの家族《かぞく》や友《とも》だち、新《あたら》しく出会《であ》う人《ひと》たちがささえになってくれるはずです。一度《ど》夢《ゆめ》がやぶれたぼくですが、たくさんの人《ひと》にささえられてここまで来《き》ました。

最後《さいご》に――。ぼくは、自分《じぶん》には何《なに》もとりえがないと思《おも》っていた中学生《ちゅうがくせい》のとき、劇《げき》に出《で》るという、ちょっとしたチャレンジで、将来《しょうらい》の夢《ゆめ》を見《み》つけました。もし、好《す》きなことや、夢《ゆめ》が見《み》つからないという人《ひと》がいたら、ぜひ、新《あたら》しいことに挑戦《ちょうせん》してみてほしいです。そうしているうちに、大《おお》きな夢《ゆめ》を見《み》つけられると思《おも》うのです。

ぼくも、この先《さき》、どんどん新《あたら》しいことに、いどんでいきます！

ヒューマンノンフィクション

ぼくらしく、おどる

義足ダンサー大前光市、夢への挑戦

2020年 5 月 5 日 第 1 刷発行
2024年 7 月11日 第 4 刷発行

著………………大前光市

絵………………今井ヨージ
装丁……………タカハシデザイン室

協力／アルファクト（大柴拓磨、KATSU、金刺わたる、Hiroki“PIRO”Maruyama）、
アレッシオ・シルヴェストリン、臼井二美男・出口雄介（鉄道弘済会義肢装具サポートセンター）、
大前弘子、かんばらけんた、GIMICO、佐熊重広（神戸医療福祉専門学校 三田校）、
佐藤典子舞踊団、スクエア、スタジオアーキタンツ、太鼓芸能集団 鼓童、中馬越直人、中谷詩子、
日本MGMリゾーツ、日本義肢装具士協会、マイレン・トレウバエフ、松園徳子、道田俊郎、
ライゾマティクス、ワクイバレエスクール、ワントゥーテン（敬称略）

発行人／土屋 徹
編集人／芳賀靖彦
企画編集／松山明代
編集協力／入澤宣幸　勝家順子　山本耕三
ＤＴＰ／株式会社アド・クレール
発行所／株式会社Gakken 〒141-8416 東京都品川区西五反田 2-11-8
印刷所／図書印刷株式会社

●この本に関する各種お問い合わせ先
本の内容については、下記サイトのお問い合わせフォームよりお願いします。
https://www.corp-gakken.co.jp/contact/
在庫については　Tel 03-6431-1197(販売部)
不良品(落丁、乱丁）については　Tel 0570-000577　学研業務センター　〒354-0045　埼玉県入間郡三芳町上富 279-1
上記以外のお問い合わせは　Tel 0570-056-710(学研グループ総合案内)

NDC916　132P　